いま語らねばならない

孫崎享
鈴木邦男

戦前史の真相

現代書館

まえがき

孫崎　享

現在、日本は大きな曲がり角を迎えている。

それは漠然とした危機でない。国民一人ひとりの将来の生活に、根本的な変化を突き付ける。

３・11以後の原発問題がある。特定秘密保護法がある。集団的自衛権がある。ＴＰＰ加盟交渉がある。消費税の値上げがある。

こうした、根本的変化を前にし、本来、国民的な熟議熟考が必要である。それがなされないまま、変わろうとしている。多分後世の人びとがこの時代を振り返れば、あの時代の人びとは何を考えていたのであろうか、少し考えれば間違った道に進んでいることは明々白々だとみられる道を何故歩んだかを問われるに違いない。

今回、鈴木邦男氏と対談をおこなうこととなった。

二人の歩んできた道はまったく異なる。

政治的スタンスも違う。

私は外務省にいて、ハト派と言われた。一九八五年外務省国際情報局の分析課長として勤務していたとき、上司は岡崎久彦氏であった。ある外務省員が岡崎局長に「貴方は孫崎課長を重用しているようだがとんでもないことだ。貴方はタカ派の雄だ。その中にハトが隠れている」と讒言した。幸い岡崎局長は「ハトでもタカでもいい。しっかり国際情勢の必要な情報を咀嚼し、しっかり分析するなら私は使う」といわれて私を追い出すことはなかった。

私は国際的秩序を確保する道は、平和的手段でお互いに如何に折り合いのつく妥協点を見出せるかにあるとみている。力の利用は、必ず崩れると思っている。

多くの人は、鈴木邦男氏は対極にいると見ている。

ウィキペディアの紹介を見てみよう。「日本の政治活動家、新右翼団体「一水会」最高顧問《（ママ）》、プロレス評論家、予備校講師」「格闘家としては、合気道三段。富木流合気道から柔道にも進み、柔道三段」。多分正しい記述ではないと思うが、ウィキペディアは「一水会結成当初の鈴木の活動は、現在のような左右を越えた前向きな活動ではなく、暴力的な行動右翼そのものであった」と記載している。

本来、私と鈴木邦男氏が共通の考え、共通の生き方を選択することはありえない。

しかし、この本を読んでいただければ、読者は二人の考え方で共通することのほうが、異なるよりもはるかに多いことに驚かれるに違いない。少なくとも私からすれば、かつて外務省で一緒に働いた同期の者や、先輩や、後輩たちとより、はるかに鈴木邦男氏と見解を一にする。

私はいま、いわゆる「ネトウヨ」の人びとから「国賊」というレッテルを貼られることもしばしばである。鈴木氏にとって、私との対談は決して彼のプラスにならないのでないか。

では何故、二人に共通点が生まれたのであろうか。

それは安倍晋三政権の政策があまりに悪いからである。このままいけば、日本は壊滅的損害を被る。

それは政治信条がハトであれタカであれ、日本の国家のありうべき姿を考える者にはあまりに自明である。だから二人に共通項が生まれる。だから二人で語り合おうという思いが出る。

二人の語る話題は戦前の日本政治である。幕末開国から第二次大戦前までの期間である。しかし、これらは語り合う土俵である。二人ともここで新しい事実を提示するつもりはない。歴史という土俵の上で、各々の価値観、物の見方を紹介することが目的である。

時代が混迷しているとき、「歴史」は貴重な教訓を提供してくれる。

かつて日本には幾度も「激変の時代」があった。明治維新と、昭和二十年の敗戦とその後の改革期がそれである。

二十一世紀の現在、閉塞的な社会状況に息苦しさを感じながらも、「出口」を探しあぐねている人は多い。だからこそ、私たちはいま幕末・明治維新、そして戦前史における成功と破綻の中から明日へのヒントを抽出する営為が必要になっているのである。

本書では、幕末の黒船来航から、第二次世界大戦終結のためミズーリ号での降伏文書調印までの時代を考察している。壮大なタイムスケールだが、この区分で日本を見ると、日本の近代化が対米意識の中で形成されたことが明らかになる。

日本の近代化はすさまじい外圧のもとで、進行した。対米自立を模索して、世界に拮抗するための努力を続けた戦前史と、対米従属に始終してしまう戦後日本のコントラストは、ときに嘆息を招くかも知れない。しかしだからこそ、過ちも多かった戦前史を知ることは、今後、対米従属から脱却を図る際に必須の経験知となる。その意味では、戦前史をいま知ることは、戦前の過ちを繰り返さないためだけでなく、これからの日本人の生き方を決めるための知的滋養になることは間違いない。

明治四年、維新間もない明治政府の主要メンバーが欧米使節に出立したが、彼らは欧米の国力の源泉である政治や商工業を学ぶ一方、訪問国の歴史も同時に深く学んでいる。近代化を急ぐ日本は、欧米に技術のみならず歴史も学んでいるのである。まだ幼かった明治政府が、徒手空拳で立ち向かった不平等条約改正、そして殖産興業という喫緊の課題に挑むため、あえて歴史を学んだ明治人の英知に敬意を表したい。なぜなら、その真摯な努力こそが日本を真の意味で開国させたからである。世界を理解するための努力を重ねた明治人の姿勢を、いまこそ私たちの共有財産にしなければならない。

いま、問題山積の日本で愛国的であるならば、その人は憂国的でもあるはずだ。近現代日本史の歩みを鈴木邦男氏とともに考察できたことを光栄に思う。

いま語らねばならない　戦前史の真相＊目次

地図製作/ 曽根田　栄夫

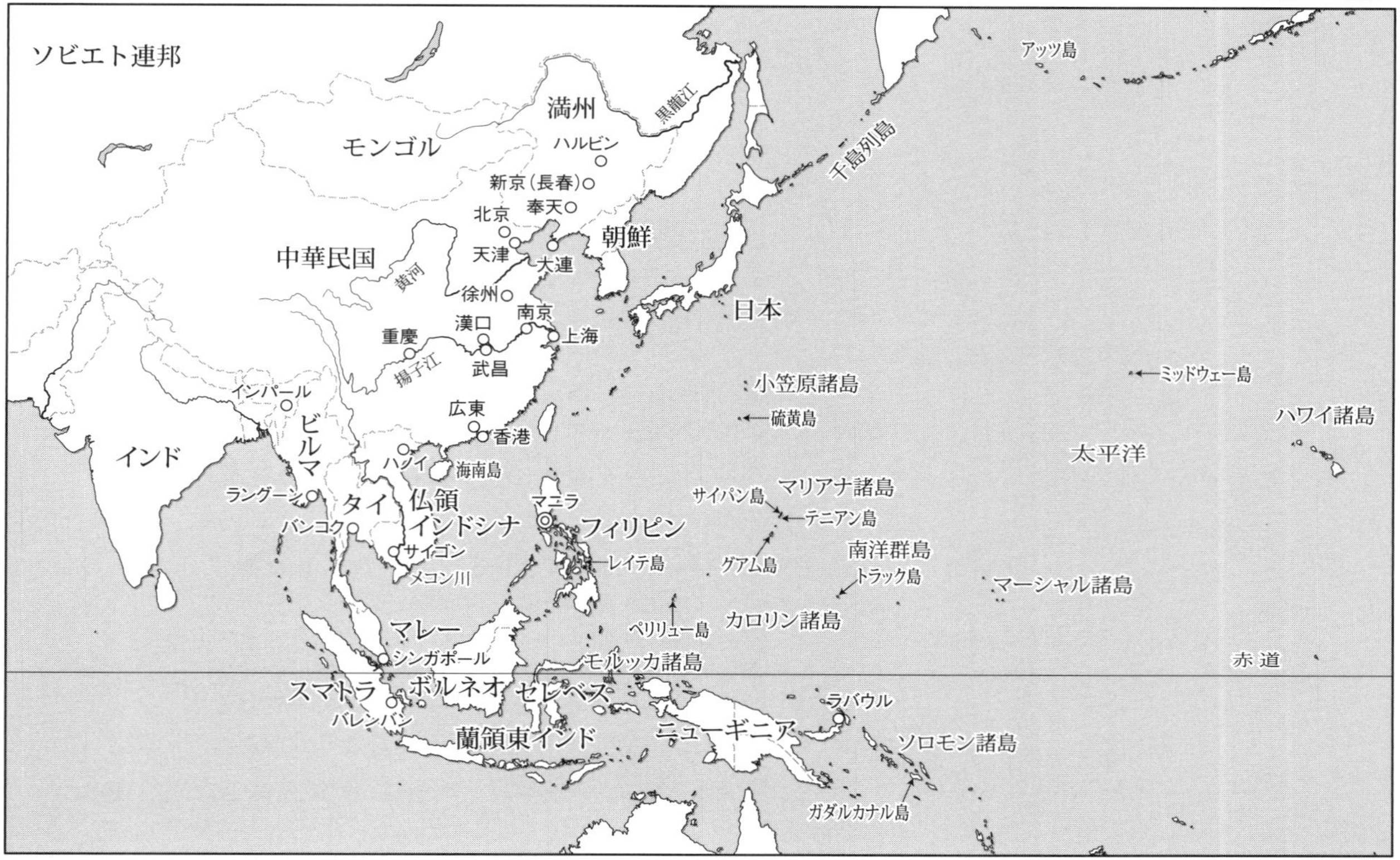

大東亜戦争関連略図

序章

同じ年に生まれて

これからの日本の課題とは？

黒船／戦艦ミズーリ号

第二次世界大戦を省みる

鈴木　孫崎さんと僕は同じ一九四三（昭和十八）年生まれです。

孫崎　二歳で一九四五（昭和二十）年の終戦を迎えたので、一番苦しい時代を二歳から経験したことになります。子どもだったので、戦争のために困窮しているんだという理解はもちろんありませんでしたが、皆、非常に苦しい生活をしていると感じながら育ちました。私たちは後になって、その頃の苦しさが戦争と結びついていることを分かるようになります。戦争がもたらす悲惨さというものを、われわれの世代も知っていると思います。

鈴木　僕は田原総一朗*さんから聞いた敗戦時の話が衝撃的でした。彼は敗戦時、小学校五年くらいだったそうです。昨日まで「日本は絶対に勝つ」と言っていた先生が、八月十五日を境に、急に「日本は民主主義の国になります」と言い出した。正反対のことを平気で言っている。それでもう田原少年は、「先生なんか信じられない。大人なんか信じられない」と思ったそうです。

　僕ももう少し前に生まれて、そういう敗戦時の状況を見てみたかった気もします（笑）。子どもたちはどう反発したのか？　先生たちは謝っ

＊田原総一朗（たはらそういちろう　一九三四〜）　ジャーナリスト・評論家。岩波映画社、東京12チャンネル（現・テレビ東京）を経てフリーに。『田原総一朗自選集』等著書多数。

たのか？　実際にその場で見てみたかったですね。

孫崎　私たちより少し上の世代の人たちは、戦時中に純粋に反戦とかそういう気持ちでいることはできなかったでしょう。それだけ小さい頃から軍国教育を受けていては、反戦という考えを持つには大変な努力が必要だったでしょう。しかし、それでは日本はなぜ空前の大戦に突入してしまったのか？　本書のテーマがまさにこれですが、これはいまも重要なテーマで、解明されていない問題も議論が尽くされていない点もたくさん残っていますね。

伊丹万作*さんが戦後に書いた「戦争責任者の問題」（『映画春秋』一九四六年八月）で言うように、国民は何らかのかたちで戦争に加担していたわけです。一九四三年生まれで、戦後の教育を受けた私たちにはそういう過去がないから、純粋に戦争は悪いと思っているだけです。これは、われわれの世代の特色だと思います。でも、国民学校に入っていた世代から上の人たちは、われわれのような純粋培養の平和主義者ではあり得ませんでしたね。

鈴木　日本がアメリカと戦争してから約七十年が経ちます。当時の日本はどうして世界のことも知らないで戦争したのか？　愚かな戦争だったと反省するのは必要だと思います。ところが、いまの若者たちは、七十年

＊伊丹万作（いたみまんさく　一九〇〇〜四六）　映画監督・脚本家。「無法松の一生」や一九三七年公開のドイツとの合作国策映画「新しい土」等の監督作品で有名。著書に『伊丹万作エッセイ集』他多数。

前はマスコミもよく機能していなかったし、テレビもインターネットもなかったからあんな愚かな戦争をしたと思っているのではないでしょうか。「いまはテレビもネットもある。世界中を歩いて回っている人も多く、世界の情報がきちんと入ってくる。だからあんなことはしない」と、七十年前の日本国民を蔑むような状況ではないでしょうか。でも、現在の私たちと戦争を始めた当時の日本人たちと、それほど大きな違いがあるでしょうか？　私は、そんなことはないと思います。

孫崎　同感です。むしろ、いまのほうがもっと愚かかも知れないと私も危惧しています。真珠湾攻撃*の時点で、少なくとも軍備でいえば日本とアメリカの差は3対5です。いま日本と中国の軍備格差は1対10くらいです。さまざまな算定法があるにしてもその差は歴然です。にもかかわらず日本の一部の雑誌などは、自衛隊のイージス艦と中国の艦隊が交戦すれば、日本は三時間ほどで中国の艦艇を全部やっつけられると言っている。これは確かに、正しいかも知れません。しかし、これには冷静な判断が欠けています。思い出してほしいのは歴史の教訓です。第二次世界大戦当時、日本海軍が誇る戦艦大和は敵の船ではなく飛行機の攻撃で沈みました。七十年前の戦争で、そうです。ましてや現代の戦争で、どうして飛行機が出てくることを考えないのか？　中国軍の戦闘機は三三〇

真珠湾攻撃
一九四一年、日本時間十二月八日、日本海軍によるアメリカ太平洋艦隊への攻撃。ハワイ・オアフ島のアメリカ海軍基地に停泊していた多数の軍艦に甚大な被害を与え、日米間の太平洋戦争が始まる。

機くらい、そのうち少なくとも三分の一は最新機F15クラスです。このF15クラスで実戦に投入できる保有機は、中国は一三〇機、日本は一〇ないし二〇機です。

鈴木　そんなに差があるんですか？

孫崎　戦争になれば、一番有効なのは日本の滑走路を壊すことです。中国はミサイルを山のように持っている。短距離・中距離弾道弾が八〇基で、巡航ミサイルは三〇〇基は保有しています。これで滑走路を壊されたら日本の戦闘機・輸送機は動けません。つまり、いまのほうが第二次世界大戦参戦時の日米軍備格差よりずっと状況が厳しいのに、日本の国内はもし中国と戦闘になれば、根拠もなく何となく日本が勝つという空気がある。国際情勢を見ない精神論みたいなものが、戦前よりも強いのではないですか。そして、そういうことを指摘する人間は、「国賊」と指差され徹底的に攻撃されています。

鈴木　ネットでは、対中強硬姿勢をとる流れに抗する人間はみんな「共産主義者」「アカだ」「左だ」と言われますね。

孫崎　日本人で、中国には武力で負ける可能性があるから外交的に粘り強い交渉にこそ頑張るべきだと言う人なんか、誰もいないでしょう。第二次世界大戦前夜と非常に似ているどころか、もっと情勢が悪い。後世にまた同じことを言われますよ。「あのとき、どうしてきちんとした判断ができなかったのか？」と。

鈴木　戦後、日本社会の中心を担っていた人たちは戦争を体験していました。その反省から日本をどうしていくのかを考えていたと思います。

孫崎　確かに、戦後の日本ではそういう人物たちが、保守勢力の一角を担った時期がありました。例えば後藤田正晴*さんがそうです。後藤田さんは警察官僚で、官僚の中の官僚という人です。あるいは一番頑固な保守の人と言ってもよいでしょう。しかし、彼は絶対に日本を戦争に向かわせてはいけないと思っていました。首相になった人たちを見ても、竹下登*さんは国内派といっていい人ですが、集団的自衛権のようなかたちで自衛隊を海外に持って行くのには抵抗しています。鈴木善幸*さんも平和路線でした。政治家や官僚を含めて権力の中心部・日本の体制の真ん中にいる人たちが、戦争をもう一度やるという選択はしないという決意を持っていたということだったと思います。

格差社会の怖さ

孫崎　対外的には国際緊張があり、国内的にも不安材料の多い今日の日本ですが、私はいま日本の社会がおかしくなっている要因の第一は、何と

後藤田正晴
（ごとうだまさはる　一九一四～二〇〇五）　官僚・政治家。自民党議員として内閣官房長官、副総理等を歴任。内務省・警察庁官僚として頭角を現し、「カミソリ後藤田」の異名を取った。

竹下登
（たけしたのぼる　一九二四～二〇〇〇）　政治家。第七四代内閣総理大臣（在任一九八七～一九八八）。自民党派閥では田中（角栄）派を経て、経世会を結成。党内最大派閥として多大な影響力を及ぼす。

鈴木善幸
（すずきぜんこう　一九一一～二〇〇四）　政治家。第七〇代内閣総理大臣（在任一九八〇～一九八二）。日本社会党から衆議院議員に当選するも、後に保守政治家へ転身。自民党派閥では宏池会（池田勇人派）に所属。首相時代は低支持率に苦慮した。

言っても日本が格差社会になっていることに起因していると思います。すでに生き辛く、息苦しい社会がさらにどんどん苦しくなっています。

　戦後、一九五五年前後の日本の社会は格差社会をなくす方向に向かっていました。農村にお金を出す、地方にお金を出す、労働者にお金を出すという方針で富める者と富まない者の格差を埋め、協力し合いながら一体になって国を動かしていこうという考えがあった。この考えや政策の中心を担った人たちは、面白いことに岸信介*や高碕達之助*など戦前の人たちです。そのようなグループの人たちは本能的に、戦前の間違った行動の一因は日本の貧困問題をうまく処理できなかったことだという反省を共有していたと思います。だから、新しい国づくりの中では格差社会をつくらない、所得が低く不遇な層をつくらない、そういう社会を目指したのです。

　戦前の日本では貧困層の存在は社会を不安定にする要因でした。政治的な力はないけれど、大いなる不満を持っている、それが社会不安へと広がっていくのは必然です。本来、貧困問題を解決するべきでしたが、戦前の日本はこの社会不安を無理やり力で抑えようと警察国家になっていった。それが戦争前夜の社会状況でした。

　戦後の歴史の中で日本は経済大国になりました。さまざまな問題はあ

岸信介
（きしのぶすけ　一八九六〜一九八七）官僚・政治家。戦前、商工省時代は「革新官僚」として満州帝国運営に関与。東條英機内閣では商工相等を歴任。戦後、A級戦犯容疑で逮捕、公職追放に。政界復帰後に第五六・五七代内閣総理大臣（在任一九五七〜五八・一九五八〜六〇）。日米安保条約の改定と新条約締結を実現させる。政界引退後も憲法改定運動を推進。保守政治に多大な影響力を及ぼし、「昭和の妖怪」との異名を取る。実弟に佐藤栄作、孫に安倍晋三がいる。

高碕達之助
（たかさきたつのすけ　一八八五〜一九六四）実業家・政治家。水産技師から実業界に転身。電源開発総裁を経て、通産相・科学技術庁長官、経済企画庁長官等を歴任。メキシコ・アメリカ・ソ連・満州などで仕事を経験し、政治家転身後は、ソ連・中国などと粘り強い交渉を展開した。

りますが、少なくとも経済的には大成功したと言えるでしょう。その際、ポイントになったのは、アメリカの経済・社会モデルをそのままやってたのではなく、社会的底辺層を見捨てなかったという点です。農民であれ、地域であれ、労働者であれ、できるだけ上げることを目指した。これは経済学的に言うと最高のモデルです。それで需要を創出できるからです。その重要性をいま指摘しているのがアメリカのスティグリッツ*という経済学者です。国民の一%あるいは一〇%に富が集中して、中間層がどんどん弱くなっているのがアメリカの弱みになっていることが明らかだからです。

しかし、この戦後日本の努力はいまや放棄されました。格差がいたる所で広がっています。日本でも一九八〇年、九〇年代には、いわゆる低所得層の収入は減っていています。その傾向には、いまだに歯止めがかかっていません。いまでは不満・不安の度合いは、一九八〇年頃より確実に高まっている。その中で捌け口として利用しやすいナショナリズムが煽られ、対外排斥の流れが強まってきています。これは政治が採る常套手段です。内政失敗への批判の矛先を逸らすために外に敵をつくろうとします。これは、どこの政府もどの時代の政治家たちも考えることで、その点から見ても、政治家は外交よりもまず国内運営が重要課題だという

スティグリッツ
（ジョセフ・ユージン・スティグリッツ　一九四三〜）アメリカの経済学者。二〇〇一年にノーベル経済学賞受賞。クリントン政権時代に大統領経済諮問委員会委員長を務めるなど、経済行政にも多大な影響力を及ぼす。著書に『世界を不幸にしたグローバリズムの正体』『世界の99%を貧困にする経済』他多数。

三島由紀夫
（みしまゆきお　本名：平岡公威・ひらおかきみたけ　一九二五〜七〇）作家・政治活動家。小説『仮面の告白』『潮騒』『金閣寺』『春の雪』『奔馬』『憂国』や戯曲『鹿鳴館』『サド伯爵夫人』などの創作活動で国際的に知られた文豪である一方、政治活動家として愛国運動を展開。民族派組織「楯の会」を結成。一九七〇年、楯の会隊員とともに自衛隊市ヶ谷駐屯地にて割腹自殺。

ことです。

鈴木　こんな中で憲法が改定され自衛隊が国軍になって、軍隊に対する変な期待ができたら困りますね。三島由紀夫*さんが自決のときに自衛隊で演説して、一緒に立ち上がろうと言った際に、自衛隊は立ち上がらなかった。当時の首相が佐藤栄作*、中曾根康弘*が防衛庁長官です。二人とも、「これで自衛隊はどんな誘惑があってもクーデターなどは決して起こさない、平和国家の自衛隊だと認知された」と言いました。そのときは「冗談じゃない！」と思いましたが、考えてみたら、確かに軍隊というのは政治に利用されるもの、あるいは政治的誘惑に駆られるものであってはまずいですね。

孫崎　三島事件のときの日本が経済成長の時代にあったということもポイントかも知れませんね。格差社会は内政を不安にさせますが、危険な選択を魅力的に見せるという点でも危ないです。逆に豊かさは冷静な思考を可能にしますから。

　いま日本の社会で一人当たりの所得は、非正規労働者が増えたこともあって、どんどん減っています。労働組合が潰れだした一九八五年くらいから社会がおかしくなっています。歴史のアイロニーですが、労働組合などの反対勢力を抹殺したツケが、結局は国民の生活がおかしくなる

佐藤栄作
（さとうえいさく　一九〇一～七五）官僚・政治家。第六一・六二・六三代内閣総理大臣（在任一九六四～六七、一九六七～七〇、一九七〇～七二）。鉄道省、運輸省を経て政治家に転身。戦後の高度経済成長期中、七年以上にわたる長期政権を維持。一九七四年に非核三原則を提唱したとの理由でノーベル平和賞受賞。

中曾根康弘
（なかそねやすひろ　一九一八～）官僚・政治家。第七一・七二・七三代内閣総理大臣（在任一九八二～八三、一九八三～八六、一九八六～八七）。内務省官僚から戦後、政治家に転身。新人議員の頃から原発推進・改憲に意欲的に取り組む。ロナルド・レーガン米大統領との蜜月関係など親米保守路線を基調とした政治姿勢を貫く一方、日本の核武装の必要も力説した。

という状況を招いています。

戦後型の日本社会に変化が現れ、格差拡大へ流れが変わったのには、いくつかのターニング・ポイントがあると思いますが、大きな契機となったのは中曾根康弘政権*でした。この政権下に戦後社会の流れが大きく変えられ、それまで社会的に広範にあった労働組合が次々に潰れていきました。唯一残った全国的な大きな労組が日教組*でした。それもやがて力を弱め、その後の日本に残った組合はいわゆる「松下労組型」、つまり労組らしからぬ労組だけになり、会社が儲かればいいという集団になりました。広い意味での労働組合運動がなくなりましたね。

鈴木 二〇一三年の年末に景気対策として、安倍晋三*首相が主だった大企業の経営者を集めて賃上げしてくれと要請したことが以前ニュースになりましたが、これも実に妙な話ですね。労働組合も暴走して自ら墓穴を掘った部分もあるけれど、若者たちがいま労組に入ってもメリットがないと思っているところも多いのではないでしょうか。労働組合が魅力的でなくなっていったことも問題では?

孫崎 そうです。そして、その結果、この頃から「自分だけがよければいい」「自分だけは何とか生き残りたい」という風潮が強まったと思います。国民全体で社会をつくっていこうという意識がなくなったと思います。

中曾根康弘政権
(一九八二〜八七)「政界の風見鶏」と称され保守本流からやや距離を置いた位置にいた中曾根が田中角栄派の支持を取り付け内閣がスタート。当初は「田中曾根政権」と揶揄されるも、長期政権を実現。防衛費一%枠撤廃、国鉄民営化など実施。総合保養地域整備法(リゾート法)の導入などでは、後のバブル経済の素地をつくる。

日教組
日本教職員組合の略称。一九四七年発足。二〇一四年の文科省調査では組合員は、二七万人を割ったとされている。

安倍晋三
(あべしんぞう 一九五四〜) 政治家。母方の祖父は岸信介、大叔父は佐藤栄作、実父は安倍晋太郎。第九〇・九六代内閣総理大臣(在任二〇〇六〜二〇〇七・二〇一二〜)。特定秘密保護法、集団的自衛権、消費税増税、TPP参加などを推進。

これも非常に怖いことです。アメリカの場合は日本よりさらに厳しい格差社会ですが、国民間の断絶についてはすでに割り切って諦めている感もあります。一%の富裕層に社会全体の富のほとんどが集中してもその是正を訴える人は少数で、逆にそれを当然視する傾向のほうが強い。例えば、空間的・物理的に社会を分断して富裕層を守るゲーテッド・コミュニティ*という、一%の金持ちの人びとを守るシステムがあります。特権者とそれ以外の人たちを完全に分離して、互いに交流がないままアメリカの社会は構成されています。日本でも格差は広がっていますが、そこまでの決心がないので、今後、大変な社会混乱が起こってくるでしょう。

「いま」を見る背景となった経験

鈴木　確かに、ここ数年で日本の社会状況は変わってきていますね。冒頭で話したとおり、私たちは同じ年に生まれ、いわば戦後社会のただ中で生きてきましたが、孫崎さんが外交官になった頃は、どのような時代でしたか？

孫崎　いまとはだいぶ違っていましたね。例えば私が外務省入省前の一九六〇年代前半に在籍していた東大では、クラス五〇人のうち自民党支持

ゲーテッド・コミュニティ (gated community)　塀などで区画を囲み、許可された人間だけに出入りをさせる往来を制限した居住地区。主に防犯目的で形成され欧米や南米諸国などで広がりつつある。道路交通法等のため現在、日本ではゲーテッド・コミュニティは公道を含んで設置することはできない。防犯効果が期待される一方で、地域の分断化・社会の自由な交流の喪失にもつながる可能性も指摘されている。

者は二人しかおりませんでした。これは、ある意味で非常に異常な時代だったのかも知れません。と言うのも東大はいわば官吏を養成する、体制派になる人を養成するところです。実際、いま東大の学生たちと話をすると、あらゆる大学生の中で一番体制に近い人たちという印象を受けます。もちろん個人差はありますが、大別しますと、いまおこなわれている政治・政策を、どちらかというと支持・擁護し、攻撃・批判はしないというのが東大生です。

しかし、私が入省した頃は今日とはだいぶ違っていました。私は一九六六年に外務省に入り、同期が二四人いました。外務省での仕事では当然、英語力が求められるので入省後に研修もあるのですが、そのときの英語のクラスの先生がアメリカ人で、授業中、たまたまベトナム戦争*の話になりました。そこで同期の者の間でベトナム戦争についての議論になったのですが、面白いことに二四人のうち二人だけがアメリカのベトナム戦争擁護論で、あとの二二人は反対か沈黙かのどちらかでした。それを見て年配のアメリカ人女性の先生は、もの凄く怒りました（笑）。「あなたたちはわれわれアメリカの同盟国だ。同盟国人がアメリカを批判するとはいったい何事だ！　しかもここは外務省でしょう！」と怒るのです（笑）。これは一つのエピソードではありますが、つまり当時は

ベトナム戦争
広義には、対仏独立戦争のインドシナ戦争（第一次インドシナ戦争、一九四六年）からだが、主には一九五三年のディエンビエンフーの戦い以降、敗退したフランス軍のかわりに徐々に介入を深めたアメリカ軍との戦争をさす。一九六〇年代になってケネディ政権でアメリカの軍事介入が本格的に展開。一九六四年、ベトナム付近に停泊中のアメリカ海軍の駆逐艦がベトナムによって攻撃されたとするトンキン湾事件を捏造、アメリカの軍事行動が本格展開され、一般的にはこの事件以降、ベトナムでの戦争が国際的に注目されることになる。頑強な抵抗を受けアメリカが軍の撤退を決定したのは一九七五年。ベトナムは空爆・枯れ葉剤散布・虐殺などの被害を受け、アメリカ側も国内で大規模な反戦運動が起き、アメリカの国際的威信は大幅に低下した。

そういう時代だったのです。外務省に入るような人間が、同盟国アメリカのベトナム戦争を批判するという時代だったのです。

私は外務省に入ったものの、しばらくは庁舎には全然行かずに、東京都文京区の茗荷谷にあった外務研修所に通っていました。そのため、外務省に入りながらも外務省内の「洗脳」は一つも受けずに、海外に行きました。私の場合はイギリスに二年、ソ連に三年いました。「日本の外交とは何か?」「それはどうあるべきか?」ということを上から教えられないし、仕事の中身も学ばない。むしろ、自分で考える。少なくとも外務省に入って研修所に入り、イギリスの軍の学校に行って、ロンドン大学、モスクワ大学で学ばされる間、私はいつも自分一人で考えていました。

鈴木　国家の方針のもとで、日本の国益を代表して行くのではなかったのですか?

孫崎　実はその時点では、私の胸のうちにはそういう気持ちはまだ強くはありませんでした。

私がモスクワに行ったとき、ソ連側はとても警戒していました。なぜかというと、私はその時々に自分が思ったことを言うからです。当時の日本外務省なら西側体制の一員としてこう言うだろうという予想できる内容ではなく、自分が感じていること、自分で考えたことを遠慮なく発言していました。自分で考えて自由に発言するという姿勢は、厳しい統制体制を敷いていたソビエトにとっては脅威だったのです。そして、それは日本の強みだとも思いました。ソ連ではドグマを口にするけれど、自由なことはしゃべれない。こちらはドグマを何も持っていない、自分の責任で自由に発言できる。それはソビエト体制から見ると、とても脅威だったのです。

日本列島改造論*を進めた建設省の下河辺淳という人が、総合研究開発機構*の理事長だった一九八〇年頃、外務省をずいぶん批判していました。ほかの省庁の官僚は、官僚だから誰に替わっても金太郎飴のように同じことを言う。個人として考え発言するのではなく、前例踏襲のポストの立場としてしゃべっている。しかし、外務省はポストという立場で誰もしゃべらない、人間が替わるとそのたび、自分の考えを自由にしゃべっている。だから、外務省は役所じゃないというのです。

確かに、当時の外務省は百家争鳴が許されていました。それは外務省の強みだったと思います。各自が自分の考えを口にする、その自由な論争の中で外交についての価値観が形成されたのです。

私はそんな青年時代を送ったのですが、鈴木さんは学生時代から、い

日本列島改造論
一九七二年、自民党総裁選挙を前に田中角栄が提唱した、事実上の首相公約政策。高度経済成長期にあった日本の各地を交通網で縦横に結び、地域格差などを解消しながらより高度な工業化を実現する政策。各地の均等な発展を通じて、富や就職の機会が全国に広がり公害問題や過疎化問題も解消されるとした。経済企画庁総合開発局長下河辺淳の開発計画が大きな影響を与えたと目されている。

総合研究開発機構
一九七四年に設置。総理府所管の特殊法人としてスタート。現在は財団法人。官民各界の総合的な研究をおこなうシンクタンクの役割を担う。下河辺淳は一九七九年に二代目理事長に就任。

わゆる右翼という立場をとってきたのですね。

鈴木　僕は生長の家*という宗教団体の出身です。でも、子どもの頃は、前の戦争には負けたけど、次は勝ってやろうというような気持ちはありませんでした。小学校五年生くらいの頃からテレビが普及し始めて、アメリカのホームドラマを見て驚きました。アメリカではお父さん、お母さんは子どもの言うことをきちんと聞いて、民主的で、なんていい国なんだろうと思っていたくらいです。だからアメリカに強い憧れを持っていて、右派的な高校生の中にいても、アメリカの民主主義に学ばなければダメだ、アメリカのような家庭だったら俺のようなひねくれた子どもにはならないのにと、ものすごいコンプレックスを持っていました。

孫崎　私たちの世代はアメリカへの憧れは共有していたかも知れませんね。私も高校時代の一番の娯楽は映画で、「ローマの休日」「ナバロンの要塞」とかヒッチコックの映画など、ずいぶんアメリカ映画を見ましたね。

鈴木　大学生になって左翼と闘うときでも、「われわれは保守だ」と思ったことは一度もありません。右翼のわれわれだってこの国を、保守するのではなく、変えるんだと思っていましたから。むしろ「保守」という言葉を一番、軽蔑していました。当時は社会主義には世界を征服するくらいの勢いがあった。社会主義には夢もあったし、学生も熱狂していた。

生長の家
（せいちょうのいえ）　谷口雅春（たにぐちまさはる）によって創設された宗教団体。現在は宗教法人。谷口は大本を経て一九三〇年に『生長の家』出版、立教。戦後は「明治憲法復元運動」を展開。左派系学生運動に対抗して生長の家学生会全国総連合を結成。全国学生自治体連絡協議会の一角を形成。戦後右翼運動に多大な影響を及ぼす。

だから、われわれ右翼のほうにこそ本当の夢があるんだという対抗心がありました。好敵手がいると、右翼も伸びるのです。だから当時は右翼学生も優秀でした。敵がいるから勉強しなくてはいけなかったからです。「憂国」というのは、ある意味では「反日」と相互乗り入れする部分があります。「もしこの国がどうしようもない国ならば、むしろ潰してしまえ」というくらいの激しい思いがあり、危険性と隣り合わせなのです。だから単に、「いまのままでいい。日本の伝統を守る」という考えでは決してありませんでした。そんな右翼の姿を見てきた私から見ると、いま「保守」という言葉が良い意味で使われていることが、そもそもおかしいと思えてなりません。

いまの保守の人たちは、敵がいない、例えれば生態系が崩れてしまって天敵がいないような状況です。だから「俺は愛国者だ」なんて言えば、それだけでのさばれるようになっています。手強い好敵手がいないからです。全共闘時代*だったら、たぶん在特会*みたいなものは起きません。

全共闘時代は、三島由紀夫でも批判され、右派の学者や文化人も殴られたり、大変でした。いまでは、三島と同じことを言っても誰も批判しない。だから増長している。やっていることも甘い。「日本は素晴らしい」と言うだけで、誰かに日本の悪いところを言われるとカッとする。

全共闘
（ぜんきょうとう）　全学共闘会議の略称。一九六〇年代末に各大学・セクト・自治会の枠を超えた連帯的な左派運動体として全国的に形成された。中でも日大・東大の全共闘運動は注目され、大規模なデモ・全学集会・ストライキ・大学のバリケード封鎖などを展開。大学経営のあり方から政治・社会への異議申し立てなど多様な影響力を及ぼす。

在特会
（ざいとくかい）　在日特権を許さない市民の会の略称。在日韓国・朝鮮人が特権・優遇措置を享受していると主張、その廃止を求める民間団体。ヘイトスピーチのデモなどで注目される。

かつての日本の失敗に向き合う勇気がないのが、いまの保守です。こんな「保守」なんか滅びてしまえと思います。

新たな戦争をしないために

鈴木　特定秘密保護法とか戦前を彷彿とさせる法律が、いまぞろぞろと出てきています。私は特定秘密保護法には反対ですが、こういった動きが続いていますね。今後、日本が戦争に向かわないためには、孫崎さんはどうしたらいいとお考えですか？

孫崎　喫緊の課題が山積する現状ですが、そんな日本にとっていま最も重要なことは、少数意見を大切にすることだと私は思っています。

　私は外務省で少数意見派で通してきました。また、いろいろな国で社会的少数意見派の人びとを見てきましたが、その体験から言えることは、世の中、たいていは少数意見の人のほうが正しいということです。なぜならば、多勢に無勢の中で少数意見の人が生き残るためにはすごく勉強しなければいけないからです。多数説に留まるのは簡単です、言われるままにいればいい。思考停止状態でいい。しかし、そんな中でもあえてリスク覚悟で、少数意見の論陣を張るためには多数派を凌ぐ勉強をしないといけない。多数説に立ち向かう人は膨大な情報を集め考えなければないのです。

誰も説得できない。だから生き残っている少数派というのは、だいたい正しい方向を目指しているはずです。少数派は、社会にとって絶対に必要なものです。だから日本はもう少し少数意見を大事にしなければいけないのです。

日本の少数意見・少数派についてもう少し考えるために山本七平*のことを少しお話しします。山本七平の日本人論で一番のポイントは、日本は米作文化であるという指摘です。二千年にわたり、日本の九〇%以上もの人が米をつくってきた。自然の循環を絶対条件として社会を営んできました。いつ田植えをするか、稲刈りをするかについて、選択肢はない。そこに、例えば新しいやり方を目指す若者が出てきて、田植えの時期を早くしろ、後にしろと言っても、それはだいたい間違っている。それより長年の習慣を熟知している長老の言うことのほうが正しい。あるいは、いままでのやり方を踏襲しようとする多数派のほうが正しい。米作農業はキャンペーン農業、みんなが一斉に同一作業をやらなければならないから、違うことを言う人間、少数意見を言う人間はその社会においてはマイナスになる場合があります。

鈴木　農業社会では、協調性こそ重要視されるということですね。

孫崎　そうです。しかし、それに対していわゆる狩猟民族の場合は社会の

山本七平
（やまもとしちへい　一九二一〜一九九一）評論家・出版者。保守派の立場から広範囲に評論活動をおこなう。『現人神の創作者たち』『洪思翊中将の処刑』『「空気」の研究』など多くの著作で知られるが、『日本人とユダヤ人』が特に有名。この本はイザヤ・ベンダサン名義だが、山本が執筆したと目されている。

条件がまったく異なります。例えば、あらかじめ「キツネが来る」というコンセンサスが共同体内にあっても、実際にキツネが来なければ何もならない。それよりは、キツネの来る可能性があるのは南なのか、北なのか言ってくれる人間のほうがいい。

文明の型が違うということです。大陸に暮らしていれば、いつ、どこから攻められるか分からない。「あそこは攻めて来ない」という多数説は何の意味もありません。「攻めてこない」と言うよりは、むしろ「攻めてくるかもしれない」とわずかな危険性を察知してあらかじめ示唆してくれる人間のほうが貴重なのです。実際の見聞に基づいて、攻めてくる可能性を示す少数意見が非常に大事にされた。そうした社会では情報を尊重するのです。

鈴木　一方、日本では少数意見はどんどん潰されていますね。

孫崎　そうです。かつてもそうでしたが、いまはもっと少数意見の潰され方がひどくなってきています。

鈴木　異議申し立てを担ってきた左翼もなくなるし……。

孫崎　いま、日本は世界の人たちと一緒にグローバルな国際社会に入ったのですから、従来の米作の考え方でやっていたら、日本は一気に滅んでしまうでしょう。少数意見と多様な情報を大切にする方向に早急に転換することが必要です。

鈴木　そうした問題意識も含めて、改めて日本の近代史を孫崎さんと振り返ってみたいと思います。

第一章

明治維新再考

戊辰戦争／岩倉使節団

攘夷派をどう評価するか

鈴木　黒船*来航から日本は国を開き、明治維新に向かう過程で、攘夷派と開国派のせめぎ合いがありました。長野県の松代に佐久間象山*を祀った象山神社があります。先日、そこを訪ねたのですが、佐久間象山も開国を主張して斬られた人物です。佐久間のように幕末に開国を公然と主張することは命がけで、多くの人物が襲われ、命を落としています。もちろん開国派を襲撃したのは、攘夷派*の人びとですね。

　攘夷論は狂信的な人びと、時代に後《おく》れた人たちの主張だったと、いまは見られているでしょう。

　しかし、その後の明治・大正・昭和の歴史を見ていると、攘夷派の人たちにも理があったし、また攘夷派・開国派で国論を二分する論争と戦いを経た後の開国だからこそ、日本はうまくいったところがあると思います。最終的に明治政府の中枢で開国政策を進める薩摩も長州も、幕末の一時期には攘夷思想のため外国の軍隊*と戦っています。だからこそ、自分たちの世界の中での位置づけもはっきり分かった。このような攘夷を通じての開国ではなく、論争も戦いもないままのいきなりの開国だったら、日本はうまくやっていけなかったでしょう。

黒船
一八五三年七月、浦賀沖にアメリカ海軍東インド艦隊所属の黒色の軍艦四隻が来航。マシュー・ペリー司令長官がフィルモア米大統領の親書を幕府に提出、日本の開国を求める。以降、日本は鎖国政策をめぐり各論乱立し、幕末の動乱期に突入する。黒船は「外圧」の代名詞となり、今日まで比喩的に使われることになる。

佐久間象山
（さくまぞうざん・しょうざん　一八一一～六四）思想家・朱子学、兵学、海洋学者。松代藩出身。開明的な知見をもって幕末の思想家たちに多大な影響を与える。公武合体論・「和魂洋才」を提唱。

攘夷派
（じょういは）外国人・外敵を打ち払って国内に入れないことを主張する人びと。古代中国の「王を尊び、夷を攘（はら）う」という「尊王攘夷」の思想を元とするが、幕末に提唱された日本の尊王攘夷では、水戸学の藤田東湖の影響が大きい。

孫崎　明治維新を推進する中核に薩長がいましたが、両方とも列強諸国と戦火を交え、簡単にやられている。そして、その敗北を大きな教訓として開国というものに舵を切り換えたわけです。これは勇気ある偉大な変換です。

鈴木　『明治維新の舞台裏』（石井孝著、岩波新書）という本を読むと、薩長には駐日英国大使のハリー・パークスがついていた。幕府方にはフランスがついて、ロシアもいた。幕末の動乱期には、フランスが幕府に肩入れして援軍を出してもいいと言い寄ってきたのを、幕府は断ったという話です。

長州も薩摩も列強の力をまざまざと見せつけられて、彼らの戦術や武器を学ばなくてはいけないと分かったのだと思います。刀では勝てない、大砲や鉄砲を使わなければ駄目だ。しかし外国の力を借りて、イギリスとフランスの代理戦争のようなかたちにして、それで勝っても意味がないと思ったのでしょう。薩長と幕府は考えが違っていても、外国の勢力に動かされるのは避けたいという思いは、どちらもかなり強かったのではないか。幕府だってフランスの力を借りたら薩長に勝てたかもしれない。でも、そうまでして勝ちたくない。外国の介入を許さず、日本という国を守ることのほうが、自分たちが勝つことより大事だと考えていた

外国の軍隊
薩摩藩は、生麦事件（一八六二）を契機としたイギリスとの薩英戦争（一八六三）を経験し、長州藩は英仏蘭米と下関戦争（一八六三、一八六四）を経験。日本側は善戦するも欧米列強の軍事力を思い知らされることとなり、武力による攘夷の不可能性を理解する。

ように思えます。

負けた側の幕府、そして攘夷の人たちの心情というか、真意というものを、もう少しいま考え直してみるべきではないでしょうか。

孫崎　確かに、信義を賭けて戦った国民と戦わなかった国民、その選択の違いは後々大きな影響として出てきますね。

私はソ連と東欧の関係を間近に見てきました。一九五六年、ハンガリーはハンガリー動乱*のとき、侵入してきたソ連軍と激しく戦いました。一方、一九六八年のチェコ事件*の際にもソ連の戦車が来ました。チェコは抵抗はしましたが、ハンガリーのような武力による抵抗は限定的なものでした。国のありようを見ると、戦った国には勝ち負けを問わずその後に軸が残るという印象を受けます。ベルリンの壁崩壊*時に、東欧住民がソ連圏から脱する、その最初のきっかけをハンガリーがつくりました。一九八九年にハンガリーの人たちがオーストリアとの国境の鉄条網を切って、国境を開放すると（汎ヨーロッパ・ピクニック*）、ハンガリーへ迂回するかたちで大量の東ドイツ人たちが中立国であったオーストリアへ逃れて行きました。東欧の市民が自由意志で西側へ行く回路ができたことで、ヨーロッパを東西に分断する「鉄のカーテン」に大穴が空き、東西分断の象徴だったベルリンの壁の意味を失わせたのです。戦後ソ連と

ハンガリー動乱
（一九五六年　ハンガリー事件・一九五六年革命とも）　東西冷戦下、ソビエト勢力下にあったハンガリーで発生した反ソ連蜂起。国内政治改革とワルシャワ条約機構離脱を目指す運動は、ソ連軍の大規模介入を招き翌年まで続く戦闘に至った。一説には約二万人の犠牲者と二〇万人以上の亡命者を生んだといわれている。

チェコ事件
（一九六八年）　東西冷戦下、ソビエト勢力下にあったチェコスロバキアで発生した反ソ連蜂起。この年にチェコスロバキアで、後に「プラハの春」と総称される政治変革運動が始まる。それに対しておこなわれたソ連を中心としたワルシャワ条約機構軍の介入については「チェコ事件」と称する。改革派指導者は一時、ソ連に連行された。

ベルリンの壁崩壊
（一九八九年十一月九日）　一九六一年から存在した東西ドイツを分ける壁の撤去が始まり、翌十一月十日には東西ドイツ間の国境が開放され、それまでの東欧社会主義ブロックが事実上崩壊した。

戦った東欧の人びとは、政争において敗れ去った後もソ連の占領体制をどう崩すかということを密かに、しかし真剣に考え続けていたのです。

翻って、日本の幕末を見ると、一度は攘夷を考えた薩長が戦い敗れ、その後、考え抜いたことが大きな意義を持っているのが分かります。

薩長同盟ができた経緯を探って当時の資料を見ると、桂小五郎*（木戸孝允）たちが、どのような話し合いをしたのかといったことを克明に記述した、長い手紙などが残っています。現在、われわれはテレビやインターネットで、何となく最新のニュースを知っているような気になっていますが、情報を元にして自分で徹底的にものを考える力という点では、明治維新前後の人たちよりはるかに劣っていると思います。そこが一つ、明治維新を考える際のスタートではないでしょうか。

考察する力は昔の人のほうがあった。われわれは新しい技術によって、より多くの情報を得られるようになっていますが、物事の考え方が優れているのではありません。おそらく昔の人のほうが、ずっと多方面にわたる事柄を、さまざまな要因を含めて深く考えていたと思います。

鈴木　確かにそうですね。しかし、情報がないにもかかわらず、なぜそのような力があったのでしょうか？　育った環境とか、教育とかと関係するのでしょうか？

汎ヨーロッパ・ピクニック（一九八九年八月十九日　ヨーロッパ・ピクニック計画とも）　一九八八年、共産党一党独裁制を廃止したハンガリーはオーストリアとの国境通行の自由化に踏み切る。この知らせを受け東ドイツ市民がハンガリー・オーストリアを経由して西欧への逃亡を開始。八九年になると西側に逃げる東ドイツ人が急増。そこでハンガリー政府も西側への出国のサポートを決断し、国境付近で「汎ヨーロッパ・ピクニック」という催事をおこなうと偽装し、大量の東ドイツ人を受け入れ出国を支援する計画を実施。このハンガリー政府の決断は、戦後冷戦の象徴だった「鉄のカーテン」を崩壊させ、同年のベルリンの壁崩壊の一因になった。

桂小五郎（かつらこごろう／木戸孝允・きどたかよし）　一八三三〜七七）長州藩出身。明治の元勲。幕末期から活躍、明治になり文部卿・内務卿を歴任。

孫崎　それはいまの日本人にとって重大な課題になっていますね。変化の時代には、よく考えることが重要ですが、その力を持つことは容易ではありません。しかし、思考力を育てる行為なら、いくつか見出すことができます。例えば豊富な読書量や熟読する訓練にもその力の源があると考えています。本は新しい知識、それも自分よりも優れた人の考えに接することのできる貴重な機会ですが、その読書量が現在の日本では減っています。熟読する機会も減りました。現在、われわれは自分より優れた人の思想に接する機会をあまり持っていません。一見、持っているようで、実は持っていないのではないか？　今日、そうした面が幕末・明治の頃よりとても退化していると思います。

鈴木　幕末の頃の読書とは、中国のさまざまな古典など、そうした書物のことですか？

孫崎　そうです。現在のことや将来について考えるために古典を知っておくことは、きわめて有益です。

鈴木　日本の武士道でも、中国の戦記などを読んで、いかに死ぬべきかを考えた部分があるという人がいましたが、そうした面があったのでしょう。いまは、僕らはそういうことを考えていませんね。

孫崎　私は戦略について本を書いていますが、現代の国家戦略について考えますと、古典の教義がとても重要になります。中でも孫子*は凄いと思いました。孫子の兵法には多くのことを学びましたが、例えば城を攻めるのは愚の骨頂だ、謀略で戦うことが一番だという考え方があります。ほかの国と戦うときに最も重要なのは、直接的な武力行使ではなく、謀略であると孫子は言っています。

鈴木　「いかに戦わないで勝つか」ですね。

孫崎　そうです。ところが、いま国際情勢を分析する際に、事件や政策の背後に当該政府の隠された意図を解読しようとすると、「謀略論」「陰謀論」であると排斥されます。「謀略」と言ったらいまの言論界には生き残れない、そんな論が日本の主流です。「陰謀史観」というレッテル貼りに汲々とするばかりで、国際政治の動向の力学を解読できない。そして政治の実態を見られなくなってしまっている。これはつまり、いまの日本の政治理解が、いかに知的水準が低いかです。そういうことを考えると、明治維新前後に活躍した人たちは、私たちの世代よりははるかにものを深く考えていたと思います。

「尊王攘夷」の「攘夷」の部分をどのように考えるか？　一番重要なことは、この当時のフランス、イギリス、アメリカ、ロシア、列強と言われる国々が何を意図していたのかを理解することです。

*孫子
（そんし　紀元前五世紀頃）春秋時代の武将・思想家・兵家、孫武の敬称。戦乱の時代に小国・呉国に仕え、大国・楚国に対抗するため兵法家として活躍。その思想・戦略をまとめたのが『孫子（の兵法）』と目されている。

それを読み解くために、まずアヘン戦争*（一八四〇～四二）に注目しましょう。アヘン戦争が当時の国際政治の力学を見るときの軸となる事件だからです。大きな流れはご存じのとおりです。イギリスは極東、中国を支配したいと目論んで、アヘンを売って、無理やりに中国、その当時は清国ですが、戦争に引きずり込んで勝利、南京条約によって清の鎖国を解かせ、香港を奪ったという経緯は、教科書に書いてあるとおりです。

このとき日本に幸いしたのは、オランダと関係を結んでいたことです。オランダは当然のことながら、ずっとアヘン戦争に至る流れに注目している。オランダにとってもイギリスのアジア圏での勢力拡大は大きな関心事だったからです。イギリスの意図を読み取ったオランダは、オランダ国王をとおし日本に対して意見具申をしています。「もしこの事態をあなたたちが真剣に考えないと、アヘン戦争の二の舞になる」と。「難癖をつけられて、戦争に引きずり込まれ、領土を略奪される状況になりますよ」という忠告です。この意見具申は大きな影響を与えたようです。

その前に、幕府は異国船打払令*を出しています（一八二五／文政八年）。それが、この時代の国是だからです。もし大きな政策転換をしなかったら、この打払令をもって外国船を襲撃することになっていました。では、

アヘン戦争
（一八四〇～四二）　清とイギリスの戦争。イギリスからの清へのアヘン輸出を食い止めるため清が取締りを強化。それに反発したイギリスが戦闘に入る。清の敗北で終了した。

異国船打払令
（いこくせんうちはらいれい　一八二五～四二）　幕府によって各藩に通達された攘夷令。外国船には砲撃等攻撃をすることが命ぜられたが、列強との武力差は大きく、もとから不可能な指令であった。

外国船を実際に襲撃していたら、何が起こったのか？　それについては、長州藩の事件が参考になると思います。長州藩は関門海峡を封鎖して外国船に戦争をしかけていきました（一八六三、六四年・馬関戦争*）。その結果、あっけなく長州は敗れ、莫大な費用をかけた沿岸の砲台は全滅し、さらに悪いことには上陸を許し拠点までつくられています。

現在、横浜の港の見える丘公園*になっている場所も、英仏軍が駐留した拠点でした。このように開国前に、すでに日本国内の領地を列強諸国にとられていました。

多くの日本人は、長州による列強攻撃敗北の後、どのような和平交渉があったのか、その結果、どのような経緯で日本の土地に列強諸国が駐留するようになったのかは知りません。幕末、まだ攘夷を目ざす者が多くいた日本ですでに現実に駐留軍がいましたが、ではそれに対して力ずくで攘夷を実行しようと大規模な反乱をやっていたら、逆効果でした。力関係では当然のことながら英仏のほうが圧倒的に強いので、次から次へと拠点を獲得されていったことは明白でした。

攘夷派の存在感

孫崎　そういう意味で、あの時代にもし列強諸国からの開国要求を背景と

馬関戦争
（ばかんせんそう　一八六三、一八六四）下関戦争とも。英仏蘭米と戦闘。長州の敗北で終了した。

港の見える丘公園
神奈川県横浜市に一九六二年に開園。同地はもともと幕末、英仏軍駐留地となった場所。一八七五年（明治八年）、両軍同時撤収。その後もフランスの居留は続くものの、軍事拠点としてはその役割を終える。

して攘夷派と開国派に分かれ国内で戦争をしていたら、その内戦を利用されてイギリスとフランス、場合によったらアメリカの拠点がいくつも日本につくられたでしょう。まさに幕末は、そういう危機の中にありました。

攘夷派と開国派の激しい対立と連動して、日本国内は倒幕勢力と佐幕勢力に別れた対立が続きますが、その中で注目するべき点は欧米列強への態度です。たとえ攘夷が無理で開国は認めるとしても、当時の日本人たちは安易に外国勢力を国内に引き込もうとはしなかった。つまり、薩長と幕府は自らの勝利のために外国からの援軍を引き入れてまで戦うことを選択しなかったのです。幕府の中にもフランスの援護があれば勝てるかも知れないと思った人がいても当然です。援軍を得て、薩長を叩くことは戦術としては正しい。特に戊辰戦争で劣勢となった時点で幕府にとって国内の佐幕派勢力だけで戦いを継続することを選べば、自分たちが敗北することは明らかでしたが、最終的に外国勢力を用いては戦わないという選択をしました。当時の日本人たちは、外国軍介入の危険性を分かっていてそれを避けたということです。たいへん賢明な選択をしたことは歴史的にも証明されていると思います。

鈴木　薩長と幕府の対立を外国の代理戦争にさせない。はっきりとした申し合わせがなくとも、どちらもそういう考え方を持っていたのが立派ですね。先見の明があったということでしょう。

孫崎　当時の国際情勢、列強と日本の国力差を考えれば、日本の圧倒的な不利は明らかなので、列強諸国より弱いから、開国しないで日本を守り切ることはできなかったと思います。もし攘夷を言えば、いろいろな口実をつけて列強諸国が攻め込んでくる。そうなればもう国を守る術はありません。長州が列強に敗北したときのように、次から次へと日本各所が占領されていたでしょう。

鈴木　日本は分断されていたかも知れないですね。

孫崎　少なくともいまの日本の姿はなかったでしょう。

鈴木　偶然なのか計画的なのかは分かりませんが、幸いしている部分は大きいですね。最初から開国していたら、強い明治政府はできなかったと思います。攘夷運動があったからこそ、列強にも堂々と交渉もする。開国するにしても国内には攘夷派がいるので、下手な開国はできないぞという緊張感もあったでしょう。

孫崎　そのときわれわれは大きな教訓を得たと思います。日本の国としてどうあるべきかという議論を、いかに詰めていくかという解答例がここにあると思うのです。確かに当時の列強は野蛮であり、力ずくでやってくる。その当時の英仏の行動は決して公正ではないし、強引に侵略してきて他国から無理やり利益を吸い上げるというようなものだから、そんな連中相手に国を開いて、彼らと行動を共にすることはできないという論理はあり得ると思います。

しかし、ここで重要なのは日本と相手国の力関係がどうなっているのか、その力関係の中で本当に日本を守り切る力があるかどうかを見極めることです。攘夷派の人たちは主張としては正しくとも、冷徹な国際判断で鎖国維持を主張しているのではありません。「イギリスやフランスの力がどうなっているのか？　それに対してわれわれの力はこのくらいの水準だから、列強を排除できる」というような実証的・分析的な理論ではありません。ただ信念に従って「悪とは戦わなくてはいけない」といった考え方です。こういった素朴な正義論で国政を決めようという攘夷派の主張は、非常に危険だったと言えます。彼らは「国を守る」と言いますが、現実的に攘夷路線でいったら、日本を植民地にする口実を列強諸国に与えるところでした。

鈴木　攘夷で押し通したら、大東亜戦争の敗北が百年早かったかも知れないということですね。しかし、攘夷・開国という単純に二分されるだけの考えではなく、攘夷をもとにしながら開国するという精神が彼らにあったのでしょう。国は開くけれど、自分たちの精神は持ち続ける。そのうえで道具や軍備といった、文明・技術は欧米に学ぶ。そういう意識が、当時の人びとにははっきりあったのだろうと思います。

孫崎　そうですね。その「二重構造」の心構えはあったと思います。列強に対して国力の弱い日本は食い物にされてしまう。そこで、いかに列強にやられてしまわない国をつくるかという自らの課題を明確に理解し、懸命に取り組んだことは間違いありません。自分たちの国をしっかりつくっていくのと、守っていくのは、結局は同じことです。列強との国力の差を知れば、当時の日本に対抗力がないことは明らかです。そこで不可能な選択であった鎖国維持という方針を捨て、当面は開国をおこなう。そして国力をつけることで、日本を植民地的な地位に陥らせないことへ目標を切り替えた。植民地にならなかったのは、英米仏にその意思がなかったからではなく、日本にとって不利な状況をしっかりと見極めて、困難な内政状況でありながらも、日本の中では外国の力を借りた戦争はしないと決断したからです。列強を巻き込んだ国内戦争をしたら必ず利用されると考えた人たちがいたということでしょう。

鈴木　武士道や攘夷精神という姿勢を持ちながらも、それを貫徹するために、あえて当時は欧米の文明・文化を利用するということでしょう。そうした例は他国にはあまりないでしょう。大航海時代などに南米が侵略されたとき*などでは、キリスト教を布教するためという口実で武力が行使された例がいくつもあります。武力侵略も脅威ですが、その前にまず精神が奪い取られていますね。

孫崎　精神力、あるいは思想の軸をしっかり堅持するということはとても重要だったと言えるでしょう。つまり、攘夷という政治的選択肢が強力に突きつけられている以上、開国を進める人たちは、それに対して説得力のある方策で応えなければいけないわけです。力で列強の開国要求を拒否することを主張する攘夷派の勢力はとても大きかったので、開国するにしてもその人たちの主張は無視できない。国内外ともに大きな緊張関係があったがゆえに、明確で力強い精神力が必須だったのではないかと思います。

鈴木　政治的な駆け引きも必要だったのでしょう。孝明天皇も激烈な攘夷論者でしたから、開国派に大きな権勢があったとしても天皇の意向には逆らえない。だから、戦略的に攘夷をするために開国するという論理にしたのかも知れませんね。

明治以前の異文化との付き合い方

*南米が侵略されたとき　十五世紀末からの大航海時代、スペイン・ポルトガルが中心となり南米各地で収奪がおこなわれ、後のヨーロッパによる植民地経営の素地となっていった。

鈴木　日本という国は、例えば大化の改新*以降、朝鮮・中国からいろいろな先進的な文化や人間を受け入れました。明治維新以降もそうですね。普通の国だったら、それだけ無制限に先進文化を受け入れたら、精神的植民地、あるいは文化的植民地になります。そうならなかったのは、日本には文化的咀嚼力があったからでしょう。

　もともと日本人は開国に対して憧れを持った民族だった。例えば、中国に対する憧れは、江戸時代からすごく強かったようです。中国は孔子や孟子を生んだ国だから、儒学者は少しでも日本海の近くに移り住んだり、中国に行きたいと願う。あるいはインドはお釈迦様、仏教が生まれた国だ、だからインドは理想の国だと思う。そういった姿勢が一〇〇％正しいかどうか分かりませんが、謙虚になれるのは素晴らしい文化だと思います。

　明治時代のエピソードがあります。明治維新の後、東大のお雇い教授として来日したベルツというお医者さんが、「われわれは医学など西欧の進んだものを教える。だからみんなからも日本の素晴らしさや歴史を私に教えてもらいたい」と学生に言ったそうです。それに対して日本の学生は、「私たちに歴史はありません。歴史はこれからできます」と言ったそうです。

大化の改新
（たいかのかいしん　六四五年）古代日本における政治改革。中大兄皇子（天智天皇）を中心にした革新勢力が蘇我氏を追放。中央集権国家の礎をつくる。

見方によっては、それは極端な凄く自虐的な態度です。普通だったら、それほど強く自国の過去を顧みない自虐的態度をとってしまったら国家を失います。でもきちっと国家を守り、同時にそこまでへりくだっていられるというのは、僕はたいしたものだと思います。

孫崎　日本ではあまり取りあげられることはありませんでしたが、ザビエル*に続いて日本にやって来たイエズス会*の宣教師たちは、各地にセミナリオ*（イエズス会が日本人修道士養成のためにつくった学校）をつくっています。当時の宣教師たちは、日本を自分たちの味方につけるには、最高の知識を以って向き合わなければいけないと考えたようです。言い方は悪いですが、ほかのアジアの国とは違うと見たようです。

セミナリオでどういう教育をしていたか、その資料が数年前にオックスフォード大学で見つかって、いま上智大学が翻訳して持っています。それによれば、当時のヨーロッパ教育の最高水準を日本で教えています。例えば、ガリレオが地動説で異端審問にかけられている時期に、日本のセミナリオではすでに地動説的な考え方も教えています。とにかく最高水準の学問をラテン語で教えている。それを吸収する力が日本の各地にあったということです。当時の世界水準から見ても、これは凄いことです。

ザビエル
（フランシスコ・デ・ザビエル　一五〇六〜一五五二）　キリスト教聖職者。イエズス会創立メンバーの一人。一五四九年、日本上陸。日本へキリスト教伝道の役割を果たす。

イエズス会
一五三四年、イグナティウス・デ・ロヨラによって創立。反宗教改革勢力として主に海外布教を展開。

セミナリオ
ポルトガル語で「神学校」。イエズス会士のバリニャーノによって一五八〇年に日本に創立。ラテン語・神学・音楽などヨーロッパの諸学問を教える。

鈴木　江戸時代には全国に寺子屋があったし、庶民だって識字率も高かった。その点は当時のヨーロッパと全然違います。そういう意味で、幕末に開国して外国人が来ても、すぐにその技術を吸収する能力が備わっていたのだと思います。

戦国時代に遡って考えても、すでにその頃にはキリシタン大名もたくさんいました。大名自ら新しく伝わってきたキリスト教をすぐに理解して信仰しているというのはいま考えると変だと思うかもしれないけれど、それだけの能力があったのでしょう。それは身分制度が厳しい社会において、なおかつ、それを超える神という概念を理解できるという能力です。これはすごい意識転換で、戦国時代には太古の時代に人間が神を意識したり発明したりするのと同じくらいの意識の変革があったのではないですか？

なおかつ、キリシタン大名たちはキリスト教国から指令を受けて日本を支配するとか滅ぼすとか、そんなことはまったく考えない。戦国時代ではあっても彼らもまた愛国者ですから。ほかの国だったら、大名のような有力者がキリスト教を受け入れて帰依したら、傀儡政権などが立てられたり、侵略の拠点にされているでしょう。そのいずれも防げたというのはただの偶然ではなく、さまざまな立場の人がいても、みんなに日本を守るという意識が強くあったのだろうと思います。

孫崎　そういう意味でも外国に接する、少なくともその当時、最高水準の知識を吸収する能力と意思があったということです。それが世界で際立っていた。ところが、いまはその意思と能力がなくなってきた。

　鈴木さんがおっしゃったように、かつては外国と接近する日本のリーダーが、簡単に外国の側に立つことはなかった。これもいまとまったく違います。現代では、アメリカをよく知っているという人は、戦略も分析もなくただ何となくアメリカとの関係が大事だなんてことばかりを言って、そのため国自体がおかしくなることを平気で言うような人たちとイコールになってしまっている。

鈴木　いまから見ると幕末の異国船打払令は野蛮だとか、ただの乱暴だとか言われるけど、きちんと国のことを考えて攘夷思想をもってやっていたということだと思います。

開国の意識

鈴木　やはり、攘夷派は日本の歴史の中で一定の役割を果たした人びとでしたね。明治維新以降にも、開国は間違っていたと主張する人たちが残り、明治政府に対してさまざまな反乱が起きています。そうした人たちの存在は、頑迷固陋な、時代についていけない人たちで電線の下は通らないとかいう非科学的な迷信派と同じという感じで歴史から無視され、切り捨てられています。しかし、そういう勢力があったからこそ、日本は完全に西洋化されなかったわけです。

孫崎　長州と英仏の戦いで英仏が駐留することになった、港の見える丘公園のある場所を、明治政府はかなり早い段階で取り返しています。開国して、鹿鳴館*のような社交場をつくり、欧米の文化に馴染んで対等に扱ってもらおうとする欧化政策を採る一方で、同時に強烈な民族意識というか、そういう国の気概を持っていたことが領土を取り返す原動力になったと思います。

明治の元老だった人たちは、取られた土地は取り返しています。開国時、関税自主権とか治外法権を得られなかった不平等条約改正の問題も後に解決しています。こういったことに取り組まなければならないという意識は、攘夷の人たちの考え方が明治政府の人びとの中にもあったから生まれたのだと思います。ただ単に列強諸国にくっついていれば良しとするのではなかった。確かに明治政府の中枢には攘夷派の人たちはいませんでしたが、それでも開国をしながらも日本国内に外国軍駐留を許さない、あるいは外国と対等に付き合える国にしなければいけないとい

鹿鳴館（ろくめいかん）　外国貴賓接待・社交場として、一八八三年落成。井上馨の欧化政策の象徴として上流階級による園遊会・舞踏会がおこなわれ、この交流を通じて列強との不平等条約改正を目的とした。一九四一年、解体。

う意識は強かった。列強諸国に隷属して利益を得ればそれでいいだろうという精神にはならなかった。それは、明治という時代に対し攘夷派の人たちの影響が強かったからこそではないでしょうか。

鈴木　薩英戦争や馬関戦争、異人館焼き討ちとか生麦事件なども、現代ではただの暴挙だと教科書で言われるけど、その前史があるからこその明治ですね。何かあったら攘夷派の人たちが黙っていなかったので、アメリカも勝手なことができなかった。今日の米軍とは全然違いますね。

孫崎　いまと比較すると雲泥の差です。第二次大戦敗戦後、基本的に米軍が日本を占領して、その後一九五一年のサンフランシスコ講和条約時に日米安保条約が同時に締結されています。一応、日本の主権が回復されたことにはなったものの、実はそのときにアメリカ側に「われわれが望むだけの軍隊を、望む場所に、望む期間置いておく」ことを合意させられています。それから六十年以上も経ちますが、いまもってこの安保条約で認めさせられた条件をどれ一つ改定できていません。アメリカに対して日本の主権を完全に取り返そうとするとアメリカとの関係が悪くなるから、そのままにしておこうという、アメリカ側の論理に立った動きを政府はいまもしてしまう。

ここであえて少し危険なテーマについてもお話しします。明治維新の前後は、正しいかどうかは別にして、列強の外国人が殺害されています。列強諸国の人たちも日本で勝手なこと、自分たちの好きなことをやって、我が世の春を謳歌するという感じではなかったでしょう。いまのイラクみたいなもので、おかしな真似をしたら討たれるという、強い緊張のもとにいたと思います。攘夷思想という考え方は、頑迷な守旧主義というだけでなく、理不尽な侵略に対抗する主権意識の表われでもあったと言えます。

国を守らなければならない、外国の蹂躙を許さないという強い思いはあったとしても、問題は相対的な力関係をどうするかでした。絶望的な力の差を前に、独自に生き残る道を模索するしかなかったのです。それに対する最初の答えは、先ほどお話にありましたとおり開国です。では、開国してから何をするのか？　最大の脅威であり、潜在的な仮想敵国でもある欧米列強に学ぶということです。日本人は懸命に欧米に学び始めます。明治維新のすぐ後、一八七一（明治四）年に岩倉使節団*として、岩倉具視をはじめ木戸孝允（桂小五郎）、大久保利通*らが欧米に出かけています。列強諸国の力の源はどこにあるのかを見ながら、少なくともそのレベルに追いつかなければいけないという意識で、二年近くにわたってアメリカからヨーロッパ諸国を回っています。

岩倉使節団
（一八七一～七三）　不平等条約改正準備等のため欧米に派遣。岩倉具視、大久保利通、木戸孝允、伊藤博文等が参加。随員には中江兆民もいた。

大久保利通
（おおくぼとしみち　一八三〇～七八）　薩摩藩出身。明治の元勲。幕末期から西郷隆盛らと活躍。内務卿、大蔵卿を歴任。紀尾井坂の変で暗殺。

愛国心があるならば相手の力を見なくていいというのではなく、相手の力をまず客観的に見る。そのうえで、われわれに何ができるのか、あるいは欧米に近付くためにはどのようにすべきかを考える。明治政府、あるいは日本全体が、まずこの点にたいへんなエネルギーをかけていきます。それはたぶん、当時の中国をはじめとして列強に蹂躙されたアジア・アフリカ諸国にはなかった姿勢だと思います。

鈴木　世界中に外交官がいて、テレビでもネットでも情報が得られる現代と違って、長い間鎖国してきた日本が、よく突然、世界の情勢を理解できたものですね。

孫崎　開国という未知の選択の中で、政府の一番のトップがすぐに欧米に行って学ばなければいけないと判断・決断しています。おそらく普通の愛国者だったら、そうは考えないところでしょう。「われわれはただひたすら自分たちの理想とする国をつくればそれでいい」という論理になるところです。しかし、実際には自分たちが理想とする国をつくるには、相対的な力関係を見る必要がある。長い間鎖国してきたから諸外国のことを知らなかった。日本の進路をどうするかは、まず敵の力を見なければいけないという発想で、前例のない決断を下したのです。

西郷隆盛と右翼

孫崎　欧米列強と日本の関係は、このような緊張関係にあったのですが、一方でアジアと日本はどのような関係にあったと鈴木さんはお考えですか？

明治維新の重要人物の一人である西郷隆盛*は、朝鮮への出兵を主張して容れられず、野に下ったことになっています。それによって、いま西郷さんは右翼的な人のシンボルの一人になっていると思います。しかし、近代化に踏み出したばかりの日本でアジアがどう認識され、議論されていたのかを考えるためには、西郷という人物は重要です。もっと深く西郷の主張を知らなくてはいけません。近代日本人のアジア観の原型を知るためにも「英雄」という枠を外して西郷を見詰めるべきだと思います。

西郷さんの朝鮮に関する動きを、鈴木さんはどうお考えですか？　行き詰まる日朝関係に自分で交渉してカタをつけるということを目指したのか？　彼は何を目指していたのでしょう？

鈴木　征韓論*については、よく分かりませんが、しかし、西郷さんは大使として朝鮮に行って自分が死ぬことで解決を図ろうとしたとか、あるいは本当に戦争をしようとしたとか、少なくとも僕はそういうことだった

西郷隆盛
（さいごうたかもり　一八二七〜七七）　薩摩藩出身。明治の元勲。幕末より大久保等と活躍。参議、陸軍大将等歴任。西南戦争で敗北、自刃。

征韓論
明治初期の朝鮮（韓国）出兵論。岩倉具視遣欧使節団派遣中の留守政府において、西郷隆盛、板垣退助、江藤新平、副島種臣、後藤象二郎等によって主張された。西郷を使節として朝鮮派遣が閣議決定されるが、帰国後の岩倉・大久保利通等の反対によって中止。西郷等がこれに反発して辞職（明治六年の政変）。後の西南戦争の一因ともなった。

とは思っていません。

孫崎　もう少し説明してくださいますか？　西郷は、どのように当時の朝鮮を見ていたのでしょう？

鈴木　西郷は自分が乗り込んで行って、命をかけて国交回復を説得できると思ったのではないでしょうか？　駄目なら殺されてもいいという覚悟を持っていたでしょう。でも、周りからは「西郷は戦争をするために朝鮮に行こうとしている」としか思われていなかったのです。気の毒な立場だったのかも知れませんね。

彼のような明治政府の重鎮という立場の人は、公人でもあり、いろいろと難しい面もありますが、個人として日本人が中国や朝鮮、インドの独立運動に関わるというのは素晴らしいことだったと思います。

ただ、それが個人としての資格ではなく、国家として動くと必ず侵略に結びついてしまいます。ここは注意点ですが、国家権力の中にいる人と、在野の右翼の人たちは考えが違っていました。右翼の人たちはアジアの独立運動の応援は個人としては熱心に支援しても、日本が国家としてやることとは考えていなかったのです。国家のほうも右翼の人たちとは違う見解を持っていました。

例えば、孫文*の場合などがその典型例ですが、彼は清王朝を倒そうと

孫文
（そんぶん　一八六六～一九二五）中国の革命指導者。「滅満興漢」「三民運動」を提起し、清王朝の打倒と漢民族による共和国樹立を目指す。頭山満、宮崎滔天、犬養毅、内田良平、梅屋庄吉、南方熊楠らと交流。辛亥革命（一九一一）後、翌一二年、中華民国臨時大統領に就任。

頭山満
（とうやまみつる　一八五五～一九四四）福岡藩出身。明治から昭和にかけて活躍。玄洋社を結成し右翼の巨頭として大きな影響力を持つ一方、アジア主義者として孫文、蒋介石、李氏朝鮮の金玉均、フィリピンのアギナルド、インドのR・B・ボース、ベトナムのファン・ボイチャウとも交流。日本国内でも右翼人脈のみならず、中江兆民、吉野作造、大杉栄、渋沢栄一など幅広い人脈を持っていた。頭山と玄洋社はもともと自由民権運動に共感を示しており、むやみな滅私奉公や国権拡大を唱えるものではなかった。政府方針や国策にも反対の姿勢を表明し、昭和になっても東條内閣ともしばしば対立した。玄洋社出身者には、広田広毅、中野正剛、朝日新聞の緒方竹虎等が

した人物です。日本政府の立場からすれば、孫文は危険人物です。日本政府から見れば朝鮮の李王朝や中国の清王朝、その王様たちは、日本の天皇制と同じではないにしても、その国の君主です。孫文は王朝打倒ですから、日本政府にとってもそういう人間は国賊です。

東アジアが一体となって、一種の親戚関係にして、将来的には天皇を世界にまで広げようとかそんなことまで考えていた人がいましたが、日本の右翼の場合はそれは考えていませんでした。孫文を助けていますからね、頭山満*や日本の右翼の人たちは。日本では天皇制がある、でもそれがイコール外国の王制ではないと彼らは考えていました。

右翼の思想家の葦《あし》津《づ》珍《うず》彦《ひこ》*さんは、西郷のことを「永遠の維新者」と呼んでいます。明治維新という運動は明治政府樹立で完結したのではなくて、さらに継続する維新を目指していた。その継続する変革への夢が西郷隆盛という人物に仮託されたという部分に着目しています。幕府を倒して明治政府を創った人びとの間で政争が起こる。その中で負けた人が下野し、西郷が最後には西南戦争*で負けて、その後に同じく明治政府に異を唱えた人びとによって自由民権運動*が起こる。そして、自由民権運動の一つの動きとして頭山満などの日本の右翼が生まれてきた。そういう流れになったのも、「自分たちはこのままでいいのではない。さらに

いる。

葦津珍彦
（あしづうずひこ　一九〇九〜九二）　神道系思想家。頭山満の隣家に住んでいたこともあり、早くから玄洋社のメンバーと交流を持つ。神道、アジア主義、社会主義について学ぶ。昭和期の軍部の権限拡大に反対し、対米戦争にも東條内閣にも反対を表明した。戦後はGHQの方針に抵抗し神社本庁擁護運動を展開。独自の神道・天皇論を持ち、戦後、左派系雑誌と目されていた『思想の科学』にも寄稿するなど幅広い層に影響を与えた。

西南戦争
一八七七年（明治十年）、鹿児島士族が中心となり明治政府に対し武装蜂起、明治期最大の不平士族の乱。西郷隆盛死亡をもって鎮圧。明治政府はこの鎮圧に約七カ月間かけ、国家予算をほぼ使い果たすほど疲弊した。

自由民権運動
明治時代の社会運動。その目的は幅広く、国会開設、憲法制定、地方自治、言論・集会の自由から、不平等

維新を続けなくてはいけない」という変革への思いがあってのことです。

脱亜入欧と憲法制定

鈴木　西郷は明治維新の夢を仮託された人物ですが、維新時の重要人物は他にもいますね。孫崎さんは福澤諭吉*の「脱亜入欧」という考えをどう見ていますか？

孫崎　諭吉も、脱亜入欧もともに誤解されているところがあるようです。私の見るところでは、脱亜入欧はアジア蔑視ではないと思っています。

福澤諭吉の脱亜論は、中国と朝鮮は今後、国として存続しない、だからわれわれはこの国々と連帯しても意味がないと言っている論です。アジア人を蔑視しているのではなく、滅びていく国々と連携してもしょうがないから、われわれはいま勃興しているヨーロッパ諸国と手をつないでいくしかないだろうという見解です。分析の一番最初に、中国と朝鮮はこれから没落すると述べています。これは当時の世界情勢を見ると正しい分析でした。

例えば今日の日本人は諭吉のような冷徹な国際分析ができているでしょうか？　中国は世界で最大の経済大国になろうとしているのに、それを見極められない。客観的なデータは揃っており容易に確認できるの

条約改定など民権と国権について多くの議論を引き起こした。明治六年の政変で下野した板垣退助や江藤新平等も運動の草創期を支えた。後にその一部は激化し、加波山事件や秩父事件などの思想的背景となった。

＊福澤諭吉（ふくざわゆきち　一八三四～一九〇一）　中津藩出身。朝鮮の近代化に期待していたが、甲申事変失敗で失望。近代化改革にのりだせない朝鮮・清を「悪友」として縁を切るべきと表明。『時事新報』などで脱亜論を主張するに至る。

に、それを見たくないのです。明治の初め、いまよりはるかに少ない情報量の中でも諭吉たちはしっかり思考しようとしています。国際情勢を必死で分析したうえで、アジアを盟友と頼むのは無理だと言ったわけです。非常に冷徹に国際情勢を見ていたことは間違いありません。正確な事実認識と分析、そして感情論を排した決断をなしえた態度は、当時においてきわめて革命的な態度です。それまでは日本の文化人は中国は素晴らしいと、ずっと神様みたいに言っていた。その従来の考え方を客観的な情勢判断から切り捨てたのです。

ところが二十一世紀の現状はどうでしょうか？　アジアについて現在、日本人は現実を見ないで、観念で論じている。脱亜入欧は「アジアを諦める」という判断で、現在のアジア軽視と同じ印象を受けるかも知れませんが、この当時の諭吉たちの主張は客観的な事実を見極めての見解です。いまのアジア蔑視はそうではなくて、アジアが力をつけてきたにもかかわらずそれを見ようとしない、単なる蔑視になっています。その違いの大きさには一刻も早く気がつくべきです。

鈴木　歴史的に見て、日本が中国や朝鮮から学んだことは非常に大きいですね。いわば兄貴分です。さらにインドに対してもそうです。江戸時代までは神聖視をしていました。しかし、そう思っていた国が西洋列強に簡単にやられてしまった。そういう失望感も当時の日本人にはあったと思います。そんなとき諭吉は、「いつまでもそういう幻想を持っていては駄目だ」という考え方で、植民地化されたアジアと共倒れにならないという意味での脱亜論を唱えたわけで、アジアをやっつけろとか支配しようということではまったくなかった。それがいまでは、「福澤諭吉だって脱亜論を言ったじゃないか」と、現実を見ないで観念だけでやっつけろみたいな主張になっています。福澤諭吉の脱亜論は曲解されたまま利用されることが多いので、なんだかかわいそうでもあります。

孫崎　明治政府の中心となった人たちは、実にリアリストだったと思います。「いま力が強いのはヨーロッパである。だからわれわれもまたヨーロッパ的な制度を採り入れなければ、列強に支配されてしまう。いまはあえて敵である西洋に学び、彼らに負けない国をつくらなければいけない」という考えを選び取っています。そして、その手段の一つとして成文法としての憲法制定があった。明治憲法を持つことで、日本は立憲国家というかたちを整えた。

そういう意味では、明治のリアリストたちの思いは成功したと思います。私たちは為政者や行政担当者を評価するときに、どのような意思をもってその政策、あるいは事業をやったのかというその観点から成功か否かを判断しますね。明治憲法制定について言えば、明治政府の強烈な意思、立憲の目的とは、列強と同等の力を持たなければならないということでした。当時の世界では列強の力が圧倒的で、これに比類・対抗する国際勢力はなかった。その世界の中で、日本が呑み込まれないためには列強の考え方に合わせなければいけない、という判断だったと思います。

鈴木 ゴチゴチの攘夷論者の立場であれば、「西洋の真似をして憲法なんかつくる必要はない」「国歌なんてつくる必要はない」と思う人もいたでしょう。坂本龍馬*や吉田松陰*たちが国の歌なんか歌うわけない、歌っていないし、たぶんつくろうなんて思わなかった。明治政府の時代になってからお雇い外国人とかいろいろな人たちと話し合って、日本が近代国家になって世界で生きていくためには、やはり憲法は必要だ、法規国家が必要だと説得されたのだと思います。彼らも、それは絶対必要だろうと考えて、つくったのでしょう。

現在、日本国憲法を変えようとしている改憲論の人は、憲法押し付け論をよく言いますが、憲法学者たちの説明を聞くと、大東亜戦争後にできた憲法は非常に立派です。明治憲法は欽定憲法であって天皇がつくったといいますが、内実は伊藤博文とか何人かの少人数が外国の知恵を借

坂本龍馬
（さかもとりょうま　一八三五～六七）土佐藩出身。幕末の維新運動で活躍。薩長同盟締結等、京都にて暗殺される。

吉田松陰
（よしだしょういん　一八三〇～五九）長州藩出身。松下村塾で高杉晋作、久坂玄瑞、桂小五郎、伊藤博文等を指導。安政の大獄で刑死。

りてつくって国民に押しつけたもので、明治憲法も押し付けだというふうに言っています。確かにそういうところがあるでしょう。

しかし一方で、明治憲法の制定に向けた時期のほうが、民間人の私案がたくさん出ています。いまの憲法については鈴木安蔵*らが出したものなど、いくつかの案しかありませんが、明治憲法については、それよりもはるかに多く憲法案が民間から出ています。それだけ、明治の人びとの間で憲法をつくることに対する関心も高かったのではないでしょうか。例えば、植木枝盛*の憲法私案なんか見ると、革命権とか抵抗権まで載っています。いまだってそんなことを言う人はいないでしょう。すごいと言うしかないですね。外国の学問や制度に倣いながらも、もっと過激なことを考えていた人がいたのです。

明治政府が新しく採用した国旗にしても、日の丸はもともと幕府が使っていた旗印でした。錦の御旗をたてて薩長の維新軍が戊辰戦争で勝ったけれど、それは国の旗にはしなかった。イギリスなどの王様のいる国の人から、王様の紋章と国の紋章は別のほうがいいというアドバイスがあったのではないでしょうか。では何にしようかと考えて、何と自分たちが破ったばかりの賊軍として遇した幕府軍側の旗を国の旗に採用している。戦争のときはお互い戦い合っても、戦いが終わってしまってから

鈴木安蔵
（すずきやすぞう　一九〇四〜八三）憲法学者・法制史家。戦前、左翼運動で治安維持法違反で逮捕。戦中、明治民権運動家の憲法案の研究を進める。戦後、日本国憲法制定の際、民主的憲法案を公表し、GHQに影響を与えたと目されている。鈴木の憲法案は、植木枝盛の影響を受けていると自ら公言していた。

植木枝盛
（うえきえもり　一八五七〜九二）土佐藩出身。明治六年の政変、板垣退助、中江兆民、後藤象二郎、福澤諭吉などに影響を受けつつ民権運動を開始。高知県会議員・衆議院議員を歴任。主張・活動は多岐にわたり、酒税軽減・婦人解放などにも取り組む。私擬憲法「東洋大日本国国憲按」では人民の政府に対する抵抗権・革命権にまでも論及した憲法を考案。没後、鈴木安蔵が植木の憲法案を再発見し、戦後は家永三郎等によって再評価が進んだ。

は、負けた側のすべてを否定していない。一部ではあっても敗者の思いも受け止めて新しい時代を始めている。そういう意味では、明治の勝者もまた立派な人たちだと思います。たぶん、世界史の中でも賊軍の旗を国の旗にした例はないでしょう。君が代だって、上野の音楽学校*の外国人にかなりの部分つくってもらった。そういう紆余曲折の歴史を考えないで、いまは憲法を変え、国旗・国歌を守るのがナショナリストだと思っている人たちがいます。

孫崎　いわゆる右翼思想を持っている人たちは、国旗・国歌を守る者こそが愛国者だという感じになっていますね。しかし、鈴木さんがおっしゃったことは、実はそれだけが愛国ではない。それを超える右翼的な思想というか愛国心があるから、国旗・国家だけに頼らなくてもいいんだということですね。

鈴木　そうです。右翼の憲法観には戦後の押し付け憲法はダメで、戦前の大日本帝国憲法は良いという者もいますが、そもそも明治憲法で天皇を法的に規定したこと自体がおかしいという考え方もありますから。明治になる前はもちろん憲法はありませんが、そもそも日本には天皇はこれをすべきだ、これをしちゃいけないというきまりはなかったのです。

そこへ江戸時代になって徳川家康が、禁中並公家諸法度*という天皇や

上野の音楽学校
一八八七年創立の東京音楽学校。後に東京美術学校と合併し、現在、東京藝術大学。

禁中並公家諸法度
（きんちゅうならびにくげしょはっと）　公家諸法度とも。一六一五年、徳川家康により制定。朝廷や公家を統制する目的で制定された公家諸法度は、幕府崩壊まで不変だった。

公家を束縛する法律をつくった。極端に言ったら、明治憲法はそれと同じかも知れません。明治憲法も、ある意味、天皇を縛る法であったという見方もできます。しかしだからといって、天皇が真に絶対となる憲法をつくれば、それで良いのか？　いろんな右翼の人たちも「天皇は絶対だ」「君側《くんそく》の奸《かん》が悪いんだ」と言い、二・二六事件*でもそういう思想がありました。しかし、もし天皇絶対の体制になったら、なかなか近代国家としてまとまりがつかないでしょう。おそらく、イギリスでもどこでも王制を保持している国では王自身には政治権力はないとか、あっても範囲を限定するとか、そうした決まりは必要だと判断しています。

僕は憲法はなくてもいいと思いますが、憲法なしでの国家運営は近代国家の枠組みの中では無理でしょう。だから、天皇条項もある程度は必要だと思います。

孫崎　「天皇と政治」という視点で維新史を見ると、幕末でも「天皇を味方につける」「天皇を取り込むことによって、自分たちの明治勢力を強める」という意識がとても強かったことが分かっています。一般の志士たちの思いは別にして、政治闘争のリーダーたちは、天皇が思っていることを実行するための天皇制を求めたのではなく、天皇は最も利用価値のあるものであるという政治意識で動いていた節があります。たとえ、

二・二六事件
一九三六（昭和十一）年二月二十六日、陸軍将校等が下士官・兵卒約一四〇〇名を率いて起こしたクーデター未遂事件。「昭和維新」を標榜し、国家改造を求める。斎藤実内相、高橋是清蔵相、渡辺錠太郎教育総監を射殺、その他の重臣を襲撃しつつ、陸軍省・参謀本部・国会・首相官邸・朝日新聞社などを占拠。三日後に鎮圧される。首謀者は後に銃殺刑、連座して北一輝も反乱の理論的首謀者として死刑に処せられる。事件の背後には陸軍内の皇道派と統制派の対立があったと言われている。この後、軍の発言権がむしろ強まった。

「天皇機関説*」とは言葉では言わなくとも、思想的には幕末にはすでに「天皇機関説」があったわけです。政治的に利用できる、利用するものとしての天皇を考え、求めていたのではないでしょうか。

近代日本の転換点となった日露戦争

孫崎　さまざまな問題はあったにせよ、日本の近代化はそれなりの成功だったと思います。そして、先ほども申し上げましたが、その日本を大きく狂わしたのが日露戦争です。

鈴木　負けたからではなく、勝ったことによって失敗したということですね。

孫崎　そうです。勝利によって、失敗が始まったと見ています。

鈴木　そうならば、これは恐ろしい教訓ですね。

孫崎　確か原敬*が日清戦争後の一八九九年に次のようなことを書いていたと記憶しています。

大意としては、「およそ国際上の関係は平時に波を起こさんとすれば、起こすに難からざれども」と平和が壊れやすいものと警戒しながら「日露両方の一方が親密な交際を破らんと欲するごとき愚挙」について早くもこの時点から強く憂慮しています。そして和平を保つ努力の重要性を

天皇機関説
大日本帝国憲法における天皇の地位に関する学説。美濃部達吉らによって提唱。統治権は国家が保持し、天皇はその最高機関とした。昭和期に国体明徴問題となり、この説は排斥され、美濃部の著作も発禁となる。

原敬
（はらたかし　一八五六～一九二一）明治・大正の官僚・政治家。第一九代内閣総理大臣（在任一九一八～二一）。盛岡藩出身。ジャーナリストを経て政治の道に入り、薩長の藩閥政治に対抗し、政友会の絶対多数を背景に組閣。初の政党内閣を組織。「平民宰相」の異名をとる。二一年、東京駅にて中岡艮一に刺殺される。

力説します。「これ両国の事情は今日において平和を破るがごときものにあらざるべし。我が国の事情にしても、またしかり。二十七、八年以降の計画は完備した物にあらざるのみならば、財政上においても、経済上においても、平和こそ望むの位置にあるものなれ、決してことを好むのごと位置にあらざれば、よし両国の間に時として不快のことあるもの、これを融和すること容易なるべし」と懸命に非戦の合理性を説きます。外務省時代、パリや朝鮮に赴任し、大阪毎日新聞社長も務めた原のような知見ある人物の警告にもかかわらず、明治は再び超大国との戦争を選びます。

では、そもそも日露戦争はどうして始まったのか？　それを再考するためにはその前史から考えてみるべきでしょう。この戦争の遠因の一つとして、開戦前の一九〇二（明治三十五）年の日英同盟*に注目する必要があります。

日英同盟ができた経緯を見ていくと、まずドイツが露仏同盟*で挟み撃ちになっている状況がありました。実際に、その形勢で第一次世界大戦が始まった。ドイツ皇帝ヴィルヘルム二世*やドイツ外務省の人間は、いかにロシアの関心を極東に逸らすかを懸命に考えていた。それでドイツ皇帝は、日本は猿のような下等な国だから、頑張れば属国化だって可能

日英同盟
（一九〇二～二三）　日英二国間の軍事同盟。第一次から第三次まで継続。主には露仏同盟に対抗するための同盟で、日露戦争へ踏み込む追い風になった。

露仏同盟
（十九世紀末～一九一七）　露仏の二国間相互援助同盟。主には独伊墺の三国同盟に対抗するための同盟。後、二十世紀になり、英仏協商・英露協商成立を経て三国協商が構成される。

ヴィルヘルム二世
（一八五九～一九四一、在位一八八八～一九一八）　ドイツ皇帝。ビスマルクを追放し、自らの「新航路政策」を推進するも国際的孤立を招き、英仏露と対立深化。日清戦争・義和団事件に触発されるかたちで「黄禍論」を唱え、アジアへの敵意を表明する。第一次世界大戦で敗北、ドイツ革命で退位、亡命。

だというようなことをロシアに吹き込んだのです。それもあってロシア皇帝がうまく操られるかたちで、日本に関心が向いた。

そのうえでもっと重要なことは、日英同盟ができるきっかけは、実はドイツがしかけていたという点です。日英同盟は二国間同盟ですが、これはもともと英独日の三国同盟というかたちで働きかけて、途中からドイツが抜けて日英が残ったのです。つまり日英二国間同盟は1+1=2ではなく、3−1=2というかたちで日英の二国間での同盟となったのです。これは、ドイツが日英に火中の栗を拾わせるためのトリックだったというわけです。これによってロシアという脅威をドイツから日本へ、そしてイギリスへと逸らすことに成功した。もともと日本はロシアと戦うつもりはなかったが、イギリスという後ろ盾があれば、大きい気持ちになって戦うだろうと、非常に巧妙に戦争に向かう状況をドイツにつくられたということです。同盟とは「味方を得る」ということだけを意味するのではなく、「敵をつくる」という意味でもあり、国内政治の流れをも変える可能性を持ったものなのです。もちろん日本という小さな国にとって、これは大きなリスクを抱えることになりました。ロシアとの戦争が危険なだけでなく、対露戦に備えるという構えを取るだけで莫大な費用がかかり、国力を大いに消耗させることにもなりました。

その頃から、原敬のような物事が分かっている人たちより、「やれば勝てる」という、論理を無視して議論する人たちの力が一気に強くなりました。

鈴木　日露戦争に勝ったと言っても、実際にはアメリカの仲介で辛うじて勝った。ロシア本土に攻め込んでロシア領のどこかを占領したわけでも何でもない。そういう意味では、本当に勝ったのかどうか分かりません。

新聞は日露戦争に勝った、勝ったと言うけれど、戦場の推移を把握していた軍人のトップだったら、辛うじて勝ったことが分かっていたはずです。あのまま続けていたら本当に危なかったことが分かっていたはずなのに、なんでこんなぎりぎりの辛勝で思い上がってしまったのでしょうか？　世論とか新聞の論調に軍人が影響されたのでしょうか？

孫崎　世論とマスコミの両方の影響はあったと思います。

鈴木　軍人や政治家はリアルに見て、アメリカの仲介で「勝った」という名目をつけてもらっただけだと分かっていた。本当のところ、自分たちはまだ小さな国で、これから本当に実力をつけなければいけないと思っていたのではないですか？

孫崎　その頃から、現実を見ずに、日本は実力で大国ロシアに勝ったと言う人たちが圧倒的な力を持ってきたのでしょう。辛勝が大勝にすり替えられて、夜郎自大的な驕り・慢心が生まれてしまったのです。

鈴木　戦場の実際を知らない人びとならまだしも、対ロシア戦の内実に詳しいはずの軍までもそれに乗ってしまうとは……。軍人も愚かですね。

孫崎　その結果、政治家も軍人も世界を理解する真摯な努力をやめてしまった。前のお話でも触れたとおり、岩倉使節団のような世界に真剣に学ぶという気風はなくなっていきます。軍人もまたこの頃から、海外から客観的に物事を学ぶことをやめてしまいました。日露戦争の直後は現実を分かっていた人たちがたくさんいたと思いますが、その後、学ぶ必要がないという方向になっていきます。政治家も軍人も「日本は一等国になった」と驕り、未完の革命であった明治維新が大成功裡に完結したと、時代の区分けをした瞬間です。

その一例として日本海軍のことを考えてみたいと思います。海軍は日本にとって、まったく新しい組織で人材育成も熱心に取り組み始めたところでした。なので、アメリカの海軍士官学校、アナポリス*に日露戦争以前は年間二十人程度、勉強に行き、帰国後に日本海軍の要職に就いていました。外国の力を知っていて、客観的・相対的に日本の力と比較できる人たちが軍の中心にいたのです。ところが日露戦争の後にはもう留

＊アナポリス
アメリカ・メリーランド州の州都。一八四五年に設立された海軍士官学校所在地として有名。

学には行っていません。これはたぶん二つの理由があったと思います。一つは、日本はバルチック艦隊を破った一流の海軍になったので、もはやアメリカ海軍には学ぶものはないと日本側が思ったこと。もう一つは、アメリカのほうに、次の戦争を想定して日本を次の仮想敵国と考え始めて、受け入れもそう簡単にいかなくなったという事情があったのではないか。両方の相乗効果があったのだと思います。この要因のどちらも日本にとっては危険なことでした。本来なら、内なる慢心と外なる敵意の両方に注意を向けなければならなかったのに、このとき日本人はすでに鈍感になり始めていた。

明治維新までは攘夷思想的な外国への警戒心を持っていながら、同時に海外の力を客観的に見て、それに負けないようにどうするかを考えていた。ところが、近代化の途中から海外情勢を客観的に見ることを完全にやめて、精神論を声高に連呼するような、客観性に配慮できないグループが力を増してきたということです。

日本陸軍では、例えば陸大*のトップといった人たちが一番優秀で、中枢を担うことになっていました。昔は陸大にも外国人教師がいました。お雇い外国人はいろいろな分野でかなり影響を与えていました。それぞれの分野で、少なくともいま世界で何がどのように、誰によって動いて

陸大
陸軍大学校。一八八三年開校。高級指揮官および参謀育成を目的とした。

いるのかという、世界の最新のリアルを巨額のお金を出して日本は学んでいました。学ぶことこそ日本の武器でした。学びながら日本という国を新たに創ってきたのですが、日露戦争の後は、為政者や軍のトップが外国から学ぶことをやめてしまうのです。

鈴木　日露戦争の勝利で、日本はまた精神的に鎖国したということですね。

孫崎　まさに、そういうことです。リーダーが謙虚に学ぶ時代が終わってしまったのです。世界標準が分からなくなってゆき、やがて国の舵取りを過つ原因にも繋がっていきます。

鈴木　日露戦争のとき、日本は捕虜をたいへん優遇しました。特に、愛媛県松山の収容所*のことはロシア側にもよく知られていたようで、ロシア兵が追い詰められたときなどには、日本兵に向かって「マツヤマ！」と叫びながら降伏したという話を聞いたこともあります。事実、松山ではロシア人捕虜も自由に外を出歩けたそうです。戦時下ですから、もちろん松山にも日露戦争で親を殺されたり、兄弟を殺された人はいるわけで、そういう人たちにしてみたら、ロシア人はなぶり殺しにしても飽き足らないくらいだったでしょう。でも、日本政府は「戦いをやめた人間は敵ではない。丁重に扱うのが武士道だ」と教育し、捕虜の虐待を許さなかった。この姿勢は実に偉いなと思いますね。世界でもこれほど捕虜を優

松山の収容所
ロシア兵俘虜収容所。松山市内の病院・公会堂・寺などに収容されたが、市民、学童がロシア兵捕虜を厚遇したことで有名。

遇した例は稀ではないかと思います。

激しい敵愾心に駆られている戦時中でもこれだけ冷静であった日本が、どうして日露戦争が終わったとたん、急激に思い上がって、いわば精神的な鎖国をするような状況になってしまったのか？　日露戦争までは、精神的に余裕のある軍人もいたのでしょうが、勝ったことによってそういう人たちが軍中央から駆逐されたのではないかと思います。勝つことによって、もっと狭い精神論的な、「俺たちは、日本の精神力があれば誰が相手でも勝てるんだ。敵が何十倍、何百倍あっても、日本には神風があるから勝てるんだ」というような思い違いが通るようになってしまった。そのように思えてなりません。敗戦だと、なぜ負けたのかと反省するけど、勝ったときは反省しませんからね。

孫崎　そうだとまだ良いのですが、日本は負けたときも反省していない。少なくとも政治・軍事のリーダーたちはなぜ負けたかなんて、真剣に考えていませんよ。

マスコミの勃興と世論

鈴木　一方で、この時期、民衆はどうだったのでしょう？　この頃は、民衆とマスコミの関係にも変化があった時代だったと思います。例えば、新聞の宅配制度ができたのは日露戦争からだと言います。戦争は民衆にとって最大の「エンターテインメント」です。自分たちの知り合いの人たちが勝利したり、あるいは傷ついたり、新聞はそういう情報源でもあった。当時の人たちは新聞がニュースを配信するものだという認識が薄く、ただの読み物だと思って、こんなに面白いものだったら一年分先にくれと言った人もいたという話を本で読んだことがあります。これは極端な例かも知れませんが、「戦争というエンターテインメント」によって、新聞各紙はすごく部数を伸ばして、宅配制度が定着したことは確かなようです。そのため、戦争が終わったら新聞の売上げが落ちたといいます。朝日などでは夏目漱石の小説を連載したりして、必死になって部数減少を止めようとしたといいます。

戦争はそういう意味でエンターテインメント、一番の読ませ物だったのです。だから、マスコミは「勝った！　勝った！」と言わざるを得ないし、またそれに対してリアリストの軍人たちは何も言えなかったのではないでしょうか。辛うじて勝ったと言えば、「馬鹿野郎！」「非国民！」と罵倒される。いまでもそうですね。言論の自由がかえってリアリストの口を封じてしまった。

もし、明治維新の直後だったら、対ロシア戦は辛うじて勝ったんだから、これから気を引き締めて頑張っていかなければいけない、と言えたでしょう。維新から三十年以上経って世代交代が進み、時代も変わってしまった。つねに新聞報道などを気にしなくてはいけなくて、みんなも勝手なことを言って建前だけで「勝った！　勝った！」と連呼して、どんどん驕りや欲が肥大化していった。「日本はロシアに勝ったのだから領土をとれ！　賠償をとれ！」と政府を突き上げ、ポーツマス講和会議の全権大使だった小村寿太郎*に対して「弱腰」とか「売国奴」という批判が高まり、日比谷で暴動*が起きています。小村は売国奴と言われても、殺されてもいいと思って日露戦争終結に向けた交渉をしたのでしょう。そういう覚悟があったと思います。

孫崎　日露戦争の戦費は日本の財政を危機的な状況に追い込んでいます。そのうえ、日本の社会全体が相当、疲弊していた。戦争継続はもはや不可能でした。小村寿太郎は、その中で最善の選択をしようと考えていたのだろうと思います。日比谷の焼き打ちも、軍が手を出し始めていたのかも知れませんが、いずれにしても、すでに自由な発言をするのが難しい状況になっていたことは察せられます。

鈴木　アメリカの口添えがなくて、日露戦争があのまま続いていたら、どうなったのでしょうか？　日本は深刻な打撃を受けたのではないでしょ

小村寿太郎
（こむらじゅたろう　一八五五〜一九一一）外交官・政治家。日向飫肥藩出身。司法省、外務省を経て、外務大臣、貴族院議員を歴任。日英同盟締結、日露講和条約（ポーツマス条約）締結に尽力。

日比谷で暴動
日比谷焼打事件。一九〇五年九月五日、東京で起きた暴動。実際には辛勝であった対露戦の勝利を、情報統制のため大勝と誤解していた民衆が、日露講和条約で賠償金が支払われないことを知って激昂。黒竜会などが主催で抗議集会が日比谷公園でおこなわれたが、不満を抑えられず参加者が暴徒化。内相官邸、警察署、交番、国民新聞社などを攻撃・放火。暴動は数日続き、横浜・神戸にも波及。東京で戒厳令発令。負傷者約二千人、死者一七人、被検束者約二千人。

うか？　軍事的にだけではなく、経済的にも。

孫崎　やめるにやめられず、際限もなく戦費だけ注ぎ込まされて、完全な財政破綻に追い込まれたでしょう。維新を知る世代のリアリストたちの中には、この危険を察知していた人物もいました。大国と敵対することも、感情論に支配されることも危険ですが、いったん戦争になると、やめるのは実に難しい。まだ小国であった日本にとって日露戦争は、軍事的にも財政的にもきわめて危険な賭けであったことを忘れてはいけません。例えば、明治の元勲の伊藤博文も、開戦前ぎりぎりまで日露戦争に反対していました。日露戦争前にはタカ派一辺倒でない人たちが、当時の日本の社会にはまだ相当数いたのです。

鈴木　それは世界を知っていたからでしょうか？　憲法をつくるときもずいぶんと外国に行ったりしていますね。

孫崎　幕末から大いに学んできた姿勢が活きていたのでしょう。伊藤は、イギリス、ドイツ、中国、ロシアなど世界をよく知っていた人物でした。その伊藤が力を失い、日露戦争からリアリスト的な人たちがだんだん勢いをなくして、「やれば勝つ」というような、神懸かり的な人たちの全盛期に入っていきます。

日露戦争の後、当時イェール大学講師だった朝河貫一*は一九〇九年に

朝河貫一　（あさかわかんいち　一八七三〜一九四八）歴史学者。東京専門学校（現・早稲田大学）首席卒業。ダートマス大学卒、イェール大学大学院修了。博士。日本人初のイェール大学教授となる。

『日本の禍機』という本を出しました。この本で朝河は、もう日本は潰れる、このままいったら、アメリカと対立してやられると書いています。

鈴木　歴史に先駆けたすごい卓見ですね。

孫崎　朝河貫一は早稲田大学を出てからアメリカに留学し、イェール大学の名誉教授になった人です。アメリカで学んだ彼は、この本で日本が中国に勢力拡大し、また朝鮮を併合するようなことをすれば、必ず列強とぶつかると警告しています。この人はその後も日本に帰りませんでした。受け入れてもらえないことが分かっていたのでしょう。

鈴木　リアリストは日本では人気がありません。猪突猛進して信念に殉じて死んだ人が人気があるのです。明治維新に関わった人では、吉田松陰、西郷隆盛は人気がある。一方、生き残った人物はあまり人気がありません。薩摩出身の黒田清隆*は五稜郭の戦いで、敵軍の将の幕府軍の榎本武揚*を高く買っています。五稜郭降伏後も、榎本は世界を知っている、日本の外交には必要な人物だとみなして助命運動に奔走しています。その後、榎本は内政にも外交にも大いに活躍して、彼のロシアへの知識などで日本が守られた部分もあると思います。しかし、榎本の貢献をしても、それでもやはり五稜郭で死んでしまった土方歳三*のほうが人気がある。生き延びて、いくら国に尽くしても、「卑怯だ」とか「命が惜しか

黒田清隆
（くろだきよたか　一八四〇～一九〇〇）　軍人・政治家。第二代内閣総理大臣（在任一八八八～八九）。薩摩藩出身。幕末の戊辰戦争を転戦。北越戦争では長岡藩の河井継之助を、箱館戦争では榎本武揚の助命を働きかける。北海道開拓に従事、総理大臣としては列強との間の不平等条約改定に失敗。

榎本武揚
（えのもとたけあき　一八三六～一九〇八）　旧幕臣・政治家、軍人。幕臣としてオランダに留学、帰国後海軍副総裁となる。江戸城無血開城の後、降伏を拒否し、幕府艦隊で北海道に移動。箱館五稜郭に結集した徳川残存勢力とともに新政権樹立を宣言、蝦夷共和国総裁就任。五稜郭の戦いで敗北・降伏し入獄。後、明治政府に仕え、海軍卿、逓信相、農商務相、外相等を歴任。

土方歳三
（ひじかたとしぞう　一八三五～六九）　新撰組副長。尊王攘夷派の倒幕勢力の取締り、戦闘で勇名をはせる。大政奉還後も投降を拒否、戊辰戦争で各地を転戦、榎本武揚らと合

ったのか」と軽侮されてしまうのですね。必死で国に尽くしたのに、かわいそうです。そういうリアリストが国を守ったはずなのに、リアリストより、死んだ人間のほうが讃えられる。

孫崎　勝海舟*はどうですか？

鈴木　やっぱり、人気ないですよ。明治維新に貢献した幕府側の人間ですが、明治まで生き延びて、あれこれ苦言を呈した人ですから、「生き延びて、ああだこうだ言った人」と見られているだけですから。

流。箱館五稜郭の戦いで戦死。

勝海舟（かつかいしゅう　一八二三～九九）　旧幕臣。蘭学・兵学を習得後、長崎海軍伝習所入所、航海術を学ぶ。西郷隆盛との会合で江戸城無血開城を実現。維新後は新旧両政府の橋渡し役を務めながら、旧幕臣の窮状救済に尽力。明治政府に対するご意見番として、日清戦争にも反対を表明した。

第二章 大正・一等国の隘路と煩悶

関東大震災／労働争議

第一次大戦と中国進出

鈴木　大正時代といって思い浮かぶのは、まず「大正ロマン」*でしょうか。改めて歴史を振り返ると、一九一二年から一九二六年まで、大正の十五年間には、その後の日本の方向を決めることになる重要な出来事がいくつかありました。言い換えれば、昭和を準備した時代、ということになるでしょうか。それなのに、これまで大正時代にあまり注目してこなかった気がします。

まず、一九一四（大正三）年に第一次世界大戦が勃発しました。日本は日英同盟に基づくイギリスの要請を受けて、ドイツに宣戦、中国でドイツが占領していた山東半島や、ドイツ領南洋諸島に出撃して、占領することになりました。孫崎さんは日本の第一次大戦参戦をどう思われますか？

孫崎　現代の視点で見れば、第一次世界大戦に参戦しないほうがいいという議論は出ると思いますが、当時の流れからいくと参戦したことのみで考えれば、マイナスはなかったと思います。そういう意味で、参戦した判断が間違っていたとは、ちょっと言いにくいのではないでしょうか。

鈴木　『東洋経済新報』で石橋湛山*は青島占有、大陸進出に反対する論陣

大正ロマン
さまざまな変化を受けながら大衆が独自の文化を表現し始めた大正時代、芸術や文学など新しい文化潮流が起き、個人主義の萌芽も見られた。政治・社会でも資本主義が本格的に機能し始め、その中で大正デモクラシーも発展し、それら新しい時代の流れを象徴する言葉として広く知られる。しかし、この一種の明るさは、第一次世界大戦やロシア革命などの世界の激動や、治安維持法制定や関東大震災などの国内問題に直面し、その脆さも露呈していった。

石橋湛山
（いしばしたんざん　一八八四〜一九七三）　ジャーナリスト・評論家・政治家。第五五代内閣総理大臣（在任一九五六〜五七）。大正デモクラシーの時代の中、論客として注目される。海外植民地保有の弊を説く「小日本主義」や民主主義を重視する発言とともにケインズ経済学の提唱者としても存在感を示し、保守・革新の垣根を超えた自由主義的経済理論を展開し、独自の政治観を展開した。戦後はＧＨＱと対立し一時、公職追放になるも、蔵相、通産相を歴任。首相になって以後も、中国・

ソ連との交流に尽力。

を張っています。なぜならば、このような日本による中国での領土的拡張は、米英の敵視を招くことになり、国益をかえって損ねるという主張です。

孫崎　石橋湛山は、客観的に国際情勢を見ていたということでしょうね。

すでに日露戦争に日本が勝ったときから、特にアメリカは、場合によっては次の対戦相手は日本であると考えていたと思います。日露戦争の前に日清戦争がありましたから、日本の潮流が大陸に出ていく、中国進出を目指しているという警戒心は大きかったのではないでしょうか。

そういう意味では、日本が第一次世界大戦に参戦して青島や南洋諸島を取る前に、すでに日本は中国に向かって進んでいると見ていただろうと思います。

鈴木　負けたときはいろいろ教訓化して考えますけれど、勝ったときはイケイケで、日露戦争以降の日本は立ち止まれなくなった、引き返せなくなったということでしょうね。第一次世界大戦という、いわばチャンスを得て、中国での権益を拡大しようという方向に加速度がついたような気がします。

日本の左翼運動や右翼運動にも、勢いのあるときには、同じようにイケイケの動きがあって、おかしな方向に突進していったようなところがあったと思います。そういう、気分で流れるというのでしょうか、これは日本的な悪いクセみたいなもののように感じます。

孫崎　アメリカが日本を警戒していた、ということで言いますと、一九一三年にすでにカナダが日本人の渡航を制限していますし、アメリカでは日本人の土地所有が禁じられています。このアメリカの措置は、後の排日移民法*に繋がっていきます。こうした措置に、日本に対する警戒心のようなものが出ています。

日本は一九一五年に中国に対して、ドイツの山東省での権益を日本が継承することを認めるなど、日本の権益を大幅に拡大する二十一カ条の要求交渉*をおこなっています。

私は満州の鞍山で生まれましたが、父が勤務していた満州鞍山製鉄所は、一九一六年に設立されています。ドイツに対抗して第一次世界大戦に参戦したといっても、それと関係なく日本の中国への進出はすでに始まっていたのです。

満州鞍山製鉄所は当時の日本が持っていた製鉄所と比べると、日本国内最大の八幡製鉄所より大きいくらいの規模でした。当時の日本の国力で造ることができる最大規模の製鉄所を大陸に建てることは片手間ではできません。全力で本気で造った製鉄所です。つまり第一次世界大戦の

排日移民法
一九二四年制定の割当移民法。一九〇七年からすでに対米移民自粛を日本に求めていたが、一九二二年、米最高裁で日本人の帰化権を否認。二四年に排日移民法として事実上、日系移民を禁じる。一九六五年に撤廃。

二十一カ条の要求交渉
（一九一五年　対華二十一カ条要求とも）　日本より袁世凱政権に提示。山東省のドイツ利権の譲渡以外にも、満州の日本利権拡大、中国沿岸の対外不割譲などを内容とした。中国はパリ講和会議で提訴するも認められず、以後、中国国内での対日抵抗運動や五・四運動の一因となる。

参戦とほぼ時を同じくして、本格的な中国進出が図られていたということです。

石橋湛山の「小日本」

鈴木　この当時は、勝てる戦争をどんどんやるのが当然の時代で、当時の日本は間違った方針を採ったとは思っていませんね。それで領土を取れる、戦争に勝てる、それは日本の国威を示すことであり、それは個人個人の幸せに全部つながっていると思っていたのでしょう。そういうときに、拡張したらかえってまずいだろうと言える人は、ほとんどいなかったと思います。

石橋湛山は「小日本主義*」を掲げて、愛国主義のかたちには複数ある、ひとつではないと、この当時すでに言っていました。しかし、世の中の言葉はみんな「大日本」です。そもそも「大日本帝国」ですから。それに対して「小日本」、小さくまとまろうなんていう意見は、人気がなかったでしょう。そういう主張に耳を貸す人はほとんどいなかったと思います。

右翼の人たちの中には、かつて「小日本」という考え方がありました。単なるかけ声だけで勇ましいことを言っては駄目だということです。そ

小日本主義
一九一〇年代頃から石橋湛山などによって提唱された海外植民地・勢力圏放棄論で、具体的には朝鮮・満州放棄論。大国主義時代、欧米列強は競って植民地を保有したが、国家財政において植民地経営は実は赤字で持ち出しになっているという説があった。十九世紀にはイギリスで植民地を大幅整理するという「小イギリス主義」という主張があったが、小日本主義もこれに倣った理論で、イギリスよりもさらに国家規模の小さい日本にとって海外植民地経営は財政負担を増すばかりで国益になっていないという批判。植民地を持たず、通商などの経済進出によってこそ国益が増大するという主張をこめる。

れは、石橋湛山のように、地に足のついた、現実ときちんと向き合う考え方をしなくてはいけないということだったと思います。

いまならば石橋湛山は、国の将来について真剣に考えて冷静な発言をして立派だという評価もされるでしょうけれど、当時、こうした発言をするのは一種の「狂気」だったのではないかとさえ思います。殺される覚悟もしていたのではないか？　たいしたものだと思います。


孫崎　日本の中枢にいる人たちは、石橋のような世界の見方ができませんでした。あるいは、米英の警戒心を高めるというリスクがあることは、多少なりとも認識していたのかもしれません。それでも中国に出ていったのには、一つのポイントとして、日本国内の経済が非常に厳しかったということがあります。国内がうまくいかないから外に出ていくのです。

大正に入った頃に、明治時代の薩長藩閥政治に対して、憲法にのっとった立憲政治をしようという、憲法擁護運動が盛んになってきました。これが「大正デモクラシー」といわれるものの、一つの要素です。

日露戦争の莫大な借金のために緊縮財政をとらざるを得ないのに、陸海軍は軍備拡張を図ろうとすることにも、憲法擁護派は反発します。その中心になっていたのが、尾崎行雄*、犬養毅*でした。

憲法擁護運動には、日露戦争以降の重い税負担にあえいでいた民衆も

尾崎行雄
（おざきゆきお　一八五九～一九五四）　政治家。一八九〇年の当選以降、二五回連続当選。法相等歴任。政党政治を一貫して支持し、昭和期には軍部台頭に反対、翼賛選挙についても反対を表明。「憲政の神様」の異名を取る。

犬養毅
（いぬかいつよし　一八五五～一九三二）　備中庭瀬藩出身。第二九代内閣総理大臣（在任一九三一～三二）。文相・逓信相・内相・外相などを歴任。政界の有力者であっただけでなく、アジア主義者としても著名で、その交友は頭山満、宮崎滔天、ファン・ボイ・チャウ（ベトナム）、ポンセ（フィリピン）、ボース（インド）等に及ぶ。特に孫文とは交流盛んで、辛亥革命支援に尽力した。満州国承認には慎重で対中講和を図っていた。五・一五事件で暗殺される。

加わり、一九一三年二月には、警察署や交番などが襲われる日比谷暴動がありました。こうした騒乱は、大阪、神戸などにも広がっていますね。これらの国内情勢は、その後もなかなか沈静化が見られません。

一九一四年には第一次大戦が始まったことにより株価大暴落、米価暴騰があり、労働争議が増えていくというようなかたちで、国内不安が同時に進行しています。そんな中で採られた中国進出には、国内不安を外に向けるという政治的意味合いが、当然含まれていたのです。

後から考えれば、そうした時代において石橋湛山の小日本主義は非常に賢明な選択肢だったと思います。

現代の石橋湛山は？

鈴木　だけど当時はまったく支持されませんでしたね。

国内がうまくいかないから、外に向かうというのは、いまと同じではないでしょうか。いまでも、「北方領土とか尖閣諸島、竹島なんか捨ててしまえ。そのほうが国際的にも摩擦がないし、むしろ経済成長ができ国益を実現できる」と言う人は実はいます。しかし、そういうことは内緒でこっそり仲間内で言うことになってしまっている。おおっぴらには発言できない。マスメディアでそういう発言をしてくださいといっても、そんなことを言ったら殺されるから嫌だというのです。
石橋湛山が主張していた、小日本主義、中国進出に反対するというのは、殺される危険性のある発言だったと思います。石橋もその危険を知ったうえで発言していたでしょうから、それだけ勇気があったということでしょう。

孫崎　いまの日本では、当時のように暗殺といったことはまずありませんが、それでも発言できません。われわれは過去の出来事を振り返って見るときに、国を滅ぼすような方向に向かうとしか思えない事態が起こっていたのに、なぜもっと政治家・知識人・経済人、あるいは市民は発言しなかったのかと、よく考えます。しかし、だったらいまこそ、声を上げるべきときではないか？　政治的意見があるならば、公の場で堂々と言ったらいいじゃないか、という現在の日本社会が問われていることに直結します。命にさしさわるところまではきていなくても、誰もいまの政府が向かう方向はおかしいと言えない。そういう現実から見ると、石橋湛山は大変立派な人です。

鈴木　見解そのものとは別に、発言する勇気を貫いたことを考えると、つくづくと立派だったと思います。

孫崎　中国が防空識別圏*を設置したとき、「この防空識別圏内において我

*防空識別圏（ぼうくうしきべつけん）　国際法では海岸線から一二カイリまでが「領空」とされているが、防空識別圏は領空とは異なる概念で、国防上、防空監視がおこなわれる空域をさす。外国の航空機には事前に飛行計画書を求めるが強制ではない。現在の日本の防空識別圏は一九五六年にアメリカが設定。

が国固有の領土である尖閣諸島の領空をあたかも『中国の領空』であるかのごとく扱っていることは、我が国の領土主権への重大な侵害行為と断じざるを得ず、到底容認できない」（第185国会、決議第2号）として、撤回を求める国会決議をしています。

まず考えなければいけないのは、日本は防空識別圏を尖閣諸島に持っています。日本の立場からすれば当然です。そして一方、中国も尖閣諸島は自分たちが領有していると主張しているから、彼らの立場からいえば、そこに防空識別圏を設けるのは、論理的に日本と同様にあり得ることなのです。

私が非常に驚いたのは、これを撤回せよという中国への要求決議が全会一致の国会決議として決まったことです。いまの国会議員には共産党の議員も含めて、石橋湛山のように主流とは異なる意見を述べられる人がまったくいないということです。また同時に、そうした意見を言えないような状態になっていることを感じました。

外交官の育て方

鈴木　いまの話でも分かるように今日の日本を見ていると、「外交という力」で世界との関係をうまくやっていけるのかどうか疑問です。昔はどうだったのでしょう？　大正時代の外交はどうだったのでしょう？

孫崎　日本の外交史を見ているとときおり、大変優れたものの考え方をする人が出てきます。中国の権益をめぐってアメリカと交渉して石井・ランシング協定*を結んだ石井菊次郎*さんはその一人です。ところが、当時の日本にはすでにこれに対抗する軍部勢力がありました。軍部に力があった昭和前期のような時代になっても、石井菊次郎さんのような考え方が受け継がれるかと言うと、それはなかなか受け継がれない。ぽつんと孤立して、優れた考え方を持つ個人はいるのですが、外交全体の方針や外務省全体の総意としては、大きな時の流れみたいなものに巻かれていきます。

この時代、軍の力が日本の社会の中で圧倒的に強くなっていきました。大正期は、いろいろ見てみると、民主主義思想の萌芽であるとか、リベラルな思想が垣間見えますが、それだけではありません。同時に、そうしたリベラルな流れと拮抗する、軍事的な勢力が並行して伸張していました。

日本の社会では、リベラルな考え方があると、それを潰す意見が必ず競合して出ています。その中でリベラルが蹂躙されてしまった。大正リベラリズムは時代精神の全体を覆っているのではなかった。デモクラシ

石井・ランシング協定
一九一七年、特命全権大使石井菊次郎とランシング米国務長官が交わした、中国に関する日米共同宣言。二十一カ条要求など中国における日本の特殊権益を承認。日本の地位を容認すると同時に、中国市場の門戸開放・機会均等を決定。中国政府はこれに抗議を表明。

石井菊次郎
（いしいきくじろう　一八六六～一九四五）外交官・政治家。外相、国際連盟日本代表、枢密顧問官等歴任。昭和二十年、空襲によって死亡。

ーにはそれに反対する勢力がいつも出現し、大正を経て、結果的にリベラリズムに反対する側がより大きな力になっていきました。

鈴木　私たちは学校で、戦争と、それに反対する人民の考えや運動などの歴史は習いましたが、外交史というのはほとんど教えられていません。当時、外交官はどのように闘っていたのでしょうか？

元外交官の東郷和彦*さんと対談したときに印象的だったのは、自分たちは命がけでやっていると言われたことです。特に軍隊が強力だった時代に国際問題があった場合、外交官が事態収拾の交渉に失敗したら必ず軍隊が出てくるから命がけだったと言っておられました。外交官は、その意味では平和の枠組みの最後の楯だったのですね。自分が失敗したら、自分の後には「平和の使者」はいない。そういう命がけの場で交渉をやる外交官たちの系譜が日本にはずっとあったはずだし、それを学んで、どのように交渉するかみたいなことを外交官は学ぶのではないですか？

また、もう一つ印象に残ったのは、外交官は日本の言い分を一〇〇％相手にのませるのかと思っていましたが、東郷さんは「それはあり得ない。それはもう戦争の論理なんだ」とも言われた。あくまでも50対50、あるいはぎりぎりのところでは相手に51、こちらは49をとる、そういうふうにまとめるのが外交官だということでした。私たちはそういう歴史、

*東郷和彦
（とうごうかずひこ　一九四五〜）
元外交官。外務省条約局長、欧亜局長、オランダ大使等歴任。京都産業大学教授。『北方領土交渉秘録』『内心、「日本は戦争をしたらいい」と思っているあなたへ』（共著）等著書多数。東郷茂徳は祖父、東郷文彦は実父。

あるいは外交官の考え方を知る機会はありませんが、外交官になる人はそうしたことを最初に勉強するのですか？

孫崎　いいえ、そういうことはありません。もちろん外交史を知ることには意義がありますが、外交実務においては、理念的に、教科書で文字になったもので学習して、過去の例を受け継ぐとか、引き継がれるというようなものではないのです。国際情勢はどんどん変わりますから、昔はこのような政策をやっていたということでは、むしろ外交は機能しなくなります。

では、どうしているのか？　外務省は、新たに入った人間をまず大使館で勤務させます。私の入省時もそうでした。一番最初にする仕事は、大使の秘書です。大使にしてみれば、こんなに面倒なことはありません。まったく社会訓練もできていない、外交実務のイロハも知らない新人が自分の身辺に来るのですから、助けになるどころか面倒を起こすかも知れないわけです。

二十二、三歳の新人外交官は、六十歳くらいの大使のそばにずっといて、毎日の仕事ぶりを見てます。入ったばかりの新人が、自分たちが最終的に担う役職であろう大使という仕事は、どのようにものを考えて、どう動くのかを間近に見て学ぶことができます。そういうかたちで、外交官の仕事は引き継がれてきました。

実務で学ぶというとちょっと前近代的なイメージを受けるかも知れませんが、何かの教科書を学べば外交官の仕事ができるのではなく、それぞれの経験で人間がつくられ、ようやく外交官が勤まるということです。歩んで来た道が反映され、経験から何を学ぶかによって外交官が形作られるのですから、外交官それぞれに個性があります。そして、この「個性」こそが出発点になります。個人というものを自らつくりあげていかなければ、「日本の外の社会」には受け入れてもらえないからです。

二十二、三歳のときに、いかに自分を確立するかという訓練をさせられて、全人格的に審査を受けるのです。そういう意味では外務省の人間の育て方は、絶対的な教科書があり、その教科書を読んで育つのではなく、現場を見ながら外交とは何かを身につけていく、そういう実務・現場教育だったと思います。

私は、これは外務省の非常に優れたところだったと思います。大きな財産です。外務省は意識的にこれらの育成プロセスに、プロトコル（儀典）という名前をつけて新人を育てていました。ところが、そういうやり方は上の人から見ると厄介です。あまり個性的な外交官が多くなってしまうと、省中央の統制上面倒でもあります。そのこともあり、このシステムはいま、なくなりつつあります。

外交問題を解決する視点

鈴木　明治・大正の頃の外交官にはサムライあがりとか、武士道精神を持っていた人たち、そういう修羅場を潜ってきた人たちがいたようですね。それがだんだんと昭和、戦後になると、外交官試験を受けて、東大の頭のいい人たちだけが外交官になっている。そんなことはありませんか？

孫崎　出自や精神的バックボーンとしては、私はどこから出てきた人物でも構わないと思います。しかし、いま、まさに言われたように、修羅場をどれくらい潜るか、どれくらい「死地」を体験したか、という積み重なりと学習によって人間が育っていくのだと思います。石井菊次郎、その後に出てきた重光葵*など、かなり優秀な外交官だったと思いますが、二人とも東大出です。エリートではあっても修羅場で活躍する人物が生まれたのは、そのためではないかと思います。

いいか悪いかは別にして、日本の第二次世界大戦前、大正から昭和初期にかけては修羅場がいっぱいあった。あり過ぎた（笑）。でも皮肉なことに、そうした修羅場を潜ってきた経験をふまえて、目の前にある問題にどう冷静に対応できるかを考えることで、優れた外交官としての仕

重光葵
（しげみつまもる　一八八七〜一九五七）外交官・政治家。駐華公使、駐ソ大使、外務大臣を戦前に歴任。日本敗戦時、ミズーリ号甲板にて降伏文書に調印。戦後も外務大臣として日ソ国交回復に努める。

事ができたのだと思います。

重光葵は中国公使をしていた一九三二（昭和七）年、上海で爆弾によって右足を失いました。そのような経験をしながら、自分は外交官としてどう生きていくか、だんだん考え方の核が固まってきたのだと思います。そういう修羅場を経験していない人間と、修羅場を潜ってきた人間は、やはり深みが全然違います。

私がイランにいたときに、外務省のある幹部がテヘランにやって来ました。この人は、相手の事情はまったく考慮する必要はない、こちらの判断で自分の思っていることだけを言うのだと威張っていました。これが正しい外交官の態度だと思っているのです。彼は修羅場を経験していないから、自分の主張を述べること、自分の主張を通すのが外交官の役目だと勘違いしていました。しかし、これはまったく違います。

国際関係において問題があった場合、外交の役目はその問題をどう解決するかです。解決するときの一番のポイントは、自分の主張をいかに抑えるか、相手の主張をいかに多く取り入れられるかということです。そのポジションをつくることが重要です。ところが、問題を解決することが外交の役目だと分かっていない。解決することを考えていない人間は、一方的に自分の利益になることをしゃべればいいと思い違いをするのです。

今日の日本がそうなっていますね。自分の立場だけを主張しています。本気で解決を意図する人たちは、いかに相手の主張を取り入れるかを考えざるを得ないのに、そのことがまったく忘れられています。

鈴木　外交官の場合は、上司の受けも気にしているのでしょう。政治家の場合は、背後の国民を意識して、国民に対して説明しようと必死になっているのでしょう。政治家は自分たちがどれだけ日本の国益を代表して闘っているかを見せたいだけで、相手と話し合うことはまったく考えていないように思います。また、国民も愚かなことに、そういう政治家を見て、闘っている、偉い愛国者だと思ってしまうところがあります。

孫崎　それが、いまの政権支持率の高さに出ているのでしょう。

鈴木　そういう意味で、いまの日本の民主主義は、自己主張をするという面だけが肥大しているようです。それは、本当の民主主義とは言えないのではないでしょうか?

相手と話し合って、どう解決するのかを考えるという点では、明治時代から昭和の初期までの政治家のほうが、その姿勢・視点を持っていたと思いますし、人間の深さもあったのではないでしょうか?

孫崎　明治維新のときも、違う立場の相手と対峙して、その中で自分の主張を推し進めるのか、それとも対峙を乗り越えて次のステップに行くかという選択をしていたでしょう。明治で中心になった人間は自分の主義を貫くだけではなくて、相手の主張を受け入れながら、一歩ずつ困難な課題を越えた人たちだったと思います。そういう幕末の修羅場が、明治の人たちをつくったのだと思います。

パリ講和会議

鈴木　第一次世界大戦は一九一八年、連合国の勝利に終わって、日本は翌年のパリ講和会議*に戦勝国側として出席してますね。この会議で日本は国際舞台に華々しくデビューしたという感じがあります。日本は山東半島や南洋諸島*を占有して、国際連盟*の常任理事国にもなりました。世界の一等国になったと、日本は鼻高々だったのではないかと思うのですが、実際にはどうだったのでしょうか？

孫崎　実は、日本は連合国の一員として第一次世界大戦に参戦しましたが、ほとんど戦勝国としての扱いはされなかったのです。当時は、勝ったら「ご褒美」があると思っていたのに、パリ講和会議で日本はすでに占有した山東半島や南洋諸島のほかは、ほとんど何も取れませんでした。

実はここで外務省の大変革が起こっています。それまでの外交官は貴

パリ講和会議
（一九一九年、ベルサイユ講和会議とも）第一次世界大戦の戦後処理を目的とした講和会議。米英仏が主導権を握り、敗戦国ドイツにとっては過酷な要求を突きつけられた。いわゆるベルサイユ体制が始まり、ドイツ国民の反発はナチス台頭の遠因になる。日本からは西園寺公望、牧野伸顕等が出席。随行員には近衛文麿、吉田茂、芦田均等がいた。

山東半島や南洋諸島
ともに第一次大戦の敗戦国になったドイツが領有していた。北マリアナ諸島やパラオ・マーシャル諸島が国際連盟から日本に委任統治として認められる。

国際連盟
（一九二〇〜四六）常設の国際平和維持機構として第一次大戦後に結成。ウィルソン米大統領の意向が強く働いたもののアメリカ自身は不参加。ドイツ、ソ連は排除。常任理事国は英仏伊と日本。新渡戸稲造が事務局次長を務めた(在任一九二〇〜二六)。続いて杉村陽太郎が事務局次長に就任。日本は一九三三年に脱退。第二次大戦勃発後は実効力を失う。

族とか、論功行賞的に外交官になっている人が多かったのですが、この人たちがまったく外交交渉の役に立ちませんでした。これでは外交が機能しないということを外務省は目の当たりにしました。自分の立場を主張するだけでは外交にはならない、相手の価値観を理解したうえで粘り強く交渉できる人間でなければ駄目だと、外務省が認識したのがパリ講話会議でした。

鈴木　日本の海軍が、日露戦争まではアメリカの士官学校に勉強に行っていたのを、日露戦争に勝って、やめたというお話がありました。外交についても、日露戦争に勝ってしまって、外国に学ぶという姿勢が失われていったという面もあるのかも知れませんね。

孫崎　外交とはどういうことかが、理解されていなかったのかも知れません。

「自分の利益を相手の利益に翻訳して説明する」――それができて初めて外交交渉が成立します。相手の利益に翻訳するためには、相手を知ることが大前提です。だから、外務省はある時期から入省した人間を必ず、まず外国に出すようになりました。自分が何を考えているかではなく、相手の論理が分かる人間を育てるためです。

鈴木　明治維新の前後、列強諸国とどう渡り合うかを真剣に考えて、後に明治政府の中心になる人たちは欧米に出かけて、相手を知ろうとしましたね。明治維新後も、外交を担う人たちは、当然、最初から外国に出て広く世界を見てきたのだと思っていました。外務省では第一次大戦の後、初めてやったのですか？

孫崎　明治維新以降の大使、当時は公使ですが、これはどちらかというと名誉職で、相手と交渉する外交の重要な役職というようには考えられていませんでした。初期の駐イギリス大使はどこかの大名とか公家、そうした人たちだったので、ある意味では外交の厳しさを知りませんでした。

鈴木　よくそれで外交と言えましたね。実際のリアルな外交は、官僚に任されていたのですか？

孫崎　外交はきらびやかな社交みたいなものだという感じだったと思います。鹿鳴館のように、外国の人たちをもてなす、社交的なものでいいだろうという感じで外交官が選択されていたのです。

ところが第一次世界大戦後、戦勝国として賠償金も取れるだろうと意気揚々とパリ講和会議に臨んだ日本の外交団は、まったく発言できなくて、何も得られませんでした。初めて国際社会の外交の厳しさに直面したのが、パリ講和会議だったということです。これでは、日本は世界の一等国として通用しないということで、外務省改革をしたのです。

鈴木　その頃からようやくリアルな外交というものが生まれたということですね。

孫崎　国外での経験を積ませることで、かなりいい人たちが育ち始めました。

海外に出るということは、もの凄い試練なんです。私はこのことを次のように説明しています。

日本で初めての人と会う場合、例えば鈴木さんならば、一水会元代表の鈴木さんとしてお会いします。何の背景もない「白紙」の鈴木さんと出会うわけではありません。ゼロからスタートすることはないのです。どんな人でも、その人が歩んできた社会や仕事を背景に、会ったときにはそこが一つのスタートポイントになって、そこからいろんな関係ができます。

私は最初にイギリスの軍の学校に行きました。大佐クラスの生徒もいるし、軍曹みたいな下の階級の人もいます。当然のことながら大佐はその中では偉い、軍曹は軍曹でしかありません。そんな中に、日本の外務省からオックスフォード大学に留学している人間が来た場合はオックスフォード大学の人間として見られ、ある一定の認識を持たれますが、日本外務省から直接、飛び込んだ私はそこで何もない人物として、彼らから見ると一番下に置かれます。

日本国内にいれば、多くの人間はそれまで自分が歩んできたものをバックに、人間と人間の関係を築くことができます。親の持っている人間関係や社会的な地位もあるかも知れないし、自分の学歴や職歴などさまざまなことがあります。

ところが留学したとたんに、そうした日本での背景はゼロになるのです。留学先には何も蓄積がありません。「ここで私はいったい何の価値があって、その価値をどう相手に認めてもらうか」という努力をしなければ、〇点のままです。そういった意味で、海外留学というのは外務省の人間を非常に鍛えてきたと思います。後ろにある何か、自分の背景にあるもので評価されて他人に会うのではなく、自分自身、個人として提示できるものがなければ相手に評価されない状況を体験することは重要です。

鈴木　なるほど、そうやって鍛えられるのですね。

孫崎　国内官庁の中で外交官のイメージは一番軟弱ですけれど外交史を見ると、一番闘っているのは実は外交官です。明治以降、中国進出していく中で、軍部との軋轢が出てきたときに公務員で一番最初に殺されたのが外交官、外務省の人間でした。

権益争奪戦に加わった日本

鈴木　第一次大戦に参戦したことは、太平洋戦争に突入していく前段階だったのでしょうか。パリ講和会議の前年、アメリカのウィルソン大統領*が戦争終結後に向けて出した「一四カ条の平和原則*」に植民地問題の公正な解決ということで「民族自決」を打ち出しました。これはロシア革命*によって生まれた、ソ連という新しい脅威に対抗するための方便だったようですが、アメリカのような移民国家のいう「民族自決」とは何かと、いま考えると不思議な気がします。

しかし、これによって一九一九年に朝鮮半島で日本の帝国主義に抵抗する「三・一運動*」が起こりました。中国ではベルサイユ条約、日本の対華二十一カ条の要求に反発する「五・四運動*」が起きて、清朝の封建体制打倒運動が始まりました。世界は第一次大戦を契機に、大きく動いたように思います。

孫崎　第一次世界大戦の参戦について言えることは、山島半島をとったことで日本は列強諸国と権益の奪い合いに入っていったということです。朝鮮の権益はロシアとの奪い合いに限られていますが、中国領問題になると、そのときの列強すべてと対峙することになりますね。列強がこ

ウィルソン大統領
（トーマス・ウッドロウ・ウィルソン　一八五六〜一九二四）政治家・政治学者。プリンストン大学総長、ニュージャージー州知事歴任後、アメリカ大統領（在任一九一三〜二一）。国際連盟創立に尽力し、ノーベル平和賞受賞。

一四カ条の平和原則
一九一八年、ウィルソン米大統領発表。第一次大戦終結に伴う新秩序模索の一環だった。秘密外交の廃止などを呼びかける内容であったが、ヨーロッパ限定の条件付きではあったものの「民族自決」が主張されたことは、その後、世界に影響を与えた。

ロシア革命
広義には一九〇五年に起きた政治改革も含むが（第一次ロシア革命）、主には一九一七年の革命をさす（第二次ロシア革命）。一九二二年、正式にソビエト社会主義共和国連邦が成立。

三・一運動
一九一九年三月一日、朝鮮で起きた独立運動。ソウル・平壌など全国各地で同時に蜂起。日本からの独立を

ぞって中国で権益を広げようとしたのは、生産性の高さが原因でしょう。紀元一～二世紀から十七世紀まで世界のＧＤＰの三〇％くらいは中国が占めていたといわれるほどの大国でしたから。それまでの世界経済は農業に依拠していて、農業の生産性は人口比で決まりますから、中国、インドはおのおの三〇％、二〇％を持つ、重要な国だった。列強はそこに目をつけ、そういう力を持つ中国・インドに入り込んで、その生産性を奪おうとしました。

そこに日本が加わるのは、熾烈な争奪戦の中に入っていくということです。アメリカ、イギリスとの争奪戦を始めたら、そこで何が起こるかという発想は、当時の日本にはあまりなかったのだろうと思います。

鈴木　明治維新のとき、開国派がなぜ開国に賛成するのかと言ったら、武器をはじめとする物質的な文明を外国から借りるという意識だったと思います。しかし、「日本は武士道とか素晴らしい精神を持っている。その精神面は日本の誇りとして譲らない」という気持ちがあったでしょう。

でも、物と心の問題は簡単ではなく、武器によって精神が変わるということもあります。連合赤軍*もそうです。武器を手にして、唯物論ではなく唯銃論になった。兵隊より銃が大事になって、暴走したのだと元メンバーも言っていました。

宣言し、以後約三カ月継続されたが、日本の武力行使により終息する。

五・四運動
パリ講和会議により山東半島におけるドイツの利権が日本に譲渡されるなど、中国各地の列強の利権が第一次大戦後も存続されることに対し激昂した中国国民による抗議運動。

連合赤軍
戦後日本の左翼学生運動から生まれた武装組織。一九七〇年代初頭、当時、勢いを失いつつあった左翼学生運動の中の先鋭的なグループ。一九七一年～七二年にかけて活発に行動。山岳ベース事件やあさま山荘事件などで有名。

明治の日本も、開国して西洋の武器を持ってから、譲らないはずだった日本の精神がだんだんと忘れられて、武器だけでなく精神も西洋的になっていったように思います。植民地を持つのも当然だ、西洋と同じように植民地に日本のやり方を輸出するという方向に向かっていきました。西洋の物質文明を見て、負けてはいけないと殖産興業とか言うようになって、洗脳されていったようなところがあると思います。

日本の天皇制を外国に輸出しようとしたり、植民地を持とうと思ったりするのは、日本の発想ではなく、西洋の発想です。国民も日本は大国になったのだから、そういうことをして当然だと考えるようになりました。その頃から、古くからあった日本的なものをだんだんと捨ててきたのではないでしょうか。

例えば朝鮮神社*をつくったり、創氏改名*を強要したりとか、いまの保守派の人たちは「いいことをした」「向こうの人たちが日本と一緒になりたいと言ったから許可しただけだ」と言いますが、仮に許可しただけでも罪は大きいと思います。「あなたたちには、あなたたちの伝統の神様がいるのだから、われわれは日本の神社なんか輸出する気はない。天皇制を輸出する気はない」ときちんと断ればよかったのです。創氏改名だって、日本の名前に自分から変えたいと思った人も中にはいたかもし

朝鮮神社
一九一九年、朝鮮神社創立が決まり、一九二五年、朝鮮神宮と改称され創建。一九三七年以降、参拝強制になり、キリスト教徒を中心に激しい抵抗が起こる。一九四五年、日本敗戦をうけ廃止。

創氏改名
朝鮮総督府が朝鮮人の家族制度と名前を日本式に変更しようとした政策。一九三九年に制定、四〇年に実施。一九四六年に韓国において遡及無効となる。

ワシントン海軍軍縮条約
アメリカ、ワシントンでおこなわれた軍縮会議。一九二一年から翌二二年まで継続。アメリカの提唱で開催、日米英仏伊の五カ国間で主力艦建造を十年間停止し、保有主力艦のトン数比率を各国で設定。艦測定の基準を基準排水量で統一、米英五、日三、仏伊一・七五と定め、さらには太平洋海域での要塞施設は増築を許可せず現状維持とした。

四カ国条約
ワシントン会議において日英米仏で結ばれた条約。太平洋における各国

れません。いまだって、アメリカ人になりたいと金髪にする日本人がいるのですから。でも、それは間違いです。

孫崎　日本は日英同盟に基づいて第一次世界大戦に参戦しましたが、一九二一（大正十）年、ワシントン海軍軍縮条約*に関する国際会議で、日米英仏による四カ国条約*締結に伴って日英同盟破棄が決定されました。アメリカに、日英同盟の存続が好ましくないという意図があったからです。また、参加九カ国による条約で石井・ランシング協定も破棄されています。つまり、この段階で、日本は列強との協調路線を断絶し、対決の局面に入ることが明確になったということです。

右翼と左翼

鈴木　北海道大学の中島岳志*さんが『朝日平吾の鬱屈』（筑摩書房）という本で、一九二一（大正十）年に安田善次郎*を殺した朝日平吾*のことを、とても同情的に書いています。同じ年に原敬が中岡艮一*に殺されています。

いまの時代と同じで、時代に抑圧された青年たちが怒りの声を上げたのが、この二つの暗殺事件です。そこまで言えるのかどうか分かりませんが、当時の貧困層から出た青年たちが、「敵はこいつだ」と思い詰め

領土の現状維持と、国際紛争の共同会議における処理を決定。

中島岳志
（なかじまたけし　一九七五～）南アジア地域研究、近代思想史専攻。現在、北海道大学大学院法学研究科准教授。『中村屋のボース』『アジア主義』等著作多数。

安田善次郎
（やすだぜんじろう　一八三八～一九二一）実業家。安田財閥の創始者。富山藩出身。一代にして身を興し零細両替商から第三国立銀行、第四十一銀行、安田銀行を創立。安田火災保険、安田生命保険の元になる会社も創業した。社会事業にも尽力。大磯で朝日平吾に刺殺される。

朝日平吾
（あさひへいご　一八九〇～一九二一）第一次大戦従軍後、満州独立運動に参加。奉天領事の暗殺計画を立てるも未遂。北一輝に影響を受け救貧活動に関心を示す。「奸富」として安田善次郎を刺殺、自身もその場で自殺。朝日の死後、一部労働組合員やマスコミから英雄視される。

たという感じが強く出ています。

孫崎　第一次世界大戦中の一九一七年、ロシア革命が起こり、日本でも左翼の運動が勢いづきます。さきほども言いましたが、リベラルな言動があれば、それに反対する動きも強くなります。

一九一〇（明治四十三）年に天皇暗殺を企てたとして幸徳秋水*らが捕縛された大逆事件*により、翌年には思想・言論を弾圧する特別高等警察*、いわゆる特高ができました。

私はよく知らないのですが、この時代に右翼と左翼はどのような関係だったのでしょうか？

鈴木　「右翼」「左翼」という言葉ができたのはロシア革命以降です。それまでは言葉だけでなく、本人にも左右の区分けなんていう意識はなかった。例えば頭山満は右翼だと名乗ったことはありません。いまの右翼の人が勝手に、俺たちのルーツは坂本龍馬だとか西郷隆盛だとか言っても、そもそも坂本や西郷は、右翼という言葉を知らなかったのです。

「右翼」「左翼」という言葉は、フランス革命後の国民議会で、議長から見て議場の右に保守派、左に革新派が座っていたことを示したことから生まれました。革命を認めたうえで、さらに急激に改革をやろうというのが左で、ゆっくり改革をやろうというのが右に位置していたのです。

中岡艮一
（なかおかこんいち　一九〇三〜没年不詳）　鉄道員として東京・大塚駅勤務。東京駅にて原敬を刺殺。背後関係・動機などさまざまな憶測がなされるが詳細は不明。

幸徳秋水
（こうとくしゅうすい　本名：幸徳傳次郎・こうとくでんじろう　一八七一〜一九一一）　ジャーナリスト・思想家。中江兆民に師事、社会主義に関心を深める。『中央新聞』『萬朝報』の記者になるも、日露戦争開戦の際には開戦賛成の社論に反対し内村鑑三、堺利彦とともに退社。『平民新聞』を創設、非戦論を主張。一九一〇年、大逆事件の関係者として逮捕され、翌一一年、処刑される。

大逆事件
（一九一〇〜一一）　明治天皇暗殺を計画した容疑で多数の社会主義者が逮捕、処刑された事件。全国で数百人が検挙され、二六人を大逆罪で起訴。非公開裁判の結果、幸徳秋水を含む一二人に死刑執行。不当処刑として国際的批判を浴びる。

だから、右翼と左翼の違いは、改革のスピードの差だったのです。それがロシア革命で右・左が善悪みたいに分けられて、日本に伝わりました。自分は左翼だという、「左は善」だというふうなイメージになったのだと思います。保守反動とか天皇制とか土地を持っている人たちが「右」だということになります。

孫崎　すると、右翼・左翼という対立関係というよりは、それぞれの考え方の違いくらいだったのでしょうか？

鈴木　そうですね。大正時代には右と左が接点を持っていました。ロシア革命以降、共産党ができて、さまざまな思想の人たちを集めた老壮会*というのもありました。一水会は、老壮会にならったとよく言っていますが、老壮会は社会主義者とか右派とか、いろいろな立場の人たちが参加して、議論をする研究会でした。大杉栄*、北一輝*など多様な人たちがこの会で接点を持っていました。いまより、異なる思想の持ち主たちの間に活発な交流があっただろうし、底辺の人間が世の中を変えていこうという意識があったと思います。

反体制とか体制派とかいう色分けをしたのは、おそらく、警察が反対勢力を排除するために使ったのが最初だと思います。いま右翼と言われる人たちも、当時は右翼だと名乗っていません。「俺たちは日本そのも

特別高等警察
一般的には略称である「特高」のほうが有名。旧警察法によって設置された政治警察。大逆事件を契機に一九一一年、警視庁に置かれることになる。その後、全国に広がり、社会主義のみならず自由主義・平和思想・キリスト教などの関係者を監視・弾圧する。一九四五年、廃止。

老壮会
ロシア革命などの世界動向や米騒動やデモクラシー運動などを受け、大川周明、満川亀太郎、北一輝ら国家主義者たちが国内外の諸問題について研究し意見交換をする会を結成。参加者は堺利彦、大井憲太郎、権藤成卿、中野正剛、高畠素之、下中弥三郎など、左右の論客ばかりでなくキリスト者、農本主義者などさまざまな人士が集い、活発な議論がかわされた。

大杉栄
（おおすぎさかえ　一八八五〜一九二三）　無政府主義者の理論家・運動家。その論理と情勢分析、世界構想に多くの人が注目した。幸徳秋水、荒畑寒村、山川均等と交流を持つ一方で、後藤新平、頭山満、杉山茂丸

のだ」「日本の真ん中だ」と思っていました。それが右翼・左翼という言葉で警察に分けられて、だんだん自分たちでも右翼だと思うようになったのです。

右翼・左翼と色分けする一番大きなきっかけとなったのは、一九六〇年の安保騒動のあたりでしょう。岸信介さんとか警察が、左の革命運動に対して自分たちも数を集めなくてはいけないと躍起になりました。特にアイゼンハワー来日時*に、警備は警察力だけでは駄目だと、任侠系とかテキ屋とか全部集めて対抗勢力にしました。それを右翼と一括りに言ったのです。

つまり、「俺たちは右翼だ」と言い出したのは、一九六〇年以降ということです。それまでは「右翼」という言葉はありませんでした。野村秋介*さんという人は、「〈右翼〉という言葉は嫌いだ。右の翼しかないというのはおかしい。差別用語だ。俺たちは真ん中をいっているのだ」とよく言っていました。

対外拡張主義と右翼

孫崎　私は右翼の歴史を知らないので、日本の多くの人の持っているイメージと同じように、右翼は日本軍の中国進出と一体になって動いていた

などとも交際があり、左右を問わず同時代の人びとに大きな影響を与えた。関東大震災後の混乱の中、麴町憲兵隊によって虐殺される。殺害は甘粕正彦憲兵大尉の指示だとされている。

北一輝
（きたいっき　本名：北輝次郎・きたてるじろう　一八八三〜一九三七）思想家、ファシズムの理論的指導者、国家社会主義者。若い頃は社会主義やアジア主義に共鳴し、中国で辛亥革命にも参加。日本国内においても思想言論の自由・身分制批判から華族制や貴族院撤廃を訴え、国家改造を主張。熱心な法華経信者でもあった。二・二六事件の際の思想的指導者として逮捕、民間人であったが東京陸軍軍法会議にて死刑判決。銃殺刑に処せられる。

アイゼンハワー来日時
一九六〇年、日本政府が画策し結局、中止となった米大統領来日計画。同年一月、日米安保調印のために訪米した岸首相が、アイゼンハワー大統領に日米修好通商条約百周年記念事業として訪日を要請。米政府も合意し六月来日を決定し、現職大統領初

と思っていました。

鈴木　頭山満をはじめ、後に日本の右翼と言われた人たちは、清王朝打倒の孫文らを助けています。中国で王制か共和制か、それは中国の人民が決めることだと思っていたのです。いわゆる右翼といわれている人たちの中には、軍部の中国進出に利用された部分もありました。

孫崎　右翼が利用されたのですか？

鈴木　そうです。でも、例えば右翼思想家といわれる葦津珍彦は、朝鮮神社を建てるのに強く反対しました。右翼は軍部と一体となって大東亜戦争まで、あるいはその後もずっと一緒だったというのは誤解です。

孫崎　右翼というのは、軍部と一体になって対外的に拡張主義と結びつくという傾向が、ヨーロッパではあります。ドイツの右翼も、ナチと一緒になって対外進出に向かっています。フランスでも、アルジェリアなどの植民地について陰に陽に右翼が関与していました。

右翼は本来的に国家の膨張主義を助けるという印象がありますが、鈴木さんのお話は、多くの人の持っている右翼のイメージとは違いますね。いつから、そのようなことが詳しく分かるようになりましたか？

鈴木　戦前の右翼運動の人たちの話をいろいろ聞いて、具体的に分かるようになりました。

の来日準備にかかる。これを安保改定への梃入れとみなした日本国内の反対派が大統領訪日準備で来日したハガチー大統領秘書官の車を取り囲む抗議行動に出る（ハガチー事件）。秘書官はヘリコプターで救出されるも、結局、日米両政府はアイゼンハワー訪日を見送った。日本のデモ隊によってアメリカの威信が損なわれた事件。

野村秋介（のむらしゅうすけ　一九三五〜九三）　新浪漫派の活動家。五・一五事件に参加した元海軍将校三上卓に師事。葦津珍彦、中村武彦に学ぶ。一九六一年、憂国道志会結成。河野一郎邸焼き討ち事件、経団連襲撃事件等で有罪、服役。「右翼」と言われたが、安重根を評価したり、筑紫哲也と交流を持つ等、反体制の立場から幅広い見識を示した。朝日新聞社にて、自身も出馬した参議院選挙の際の揶揄的表現への抗議の中、拳銃自決。

孫崎　でも、十八歳くらいのときは、そんな感じではないでしょ？　何歳くらいで、そうなりましたか？

鈴木　産経新聞をやめて、昭和維新運動を研究し始めてからです。その頃はまだ二・二六事件とか五・一五事件などの生き残りの人がいましたから、そういう人たちに話を聞いて、ああ、この人たちは革命家なのだと思いました。そういう人たちの話を聞いたことで、かなり自分の考えが変わってきました。

テロリズム

孫崎　犬養毅、浜口雄幸*は右翼と名乗る人たちに殺されていますが、近い将来、いわゆる右翼を名乗る人の政治テロは出てくるでしょうか？

鈴木　ないでしょう。それだけのターゲットはいないのではないですか。

昔だったら、浅沼稲次郎*みたいな、こいつさえ倒せば世の中が変わるみたいな大物がいました。いまは、そんな政治家はいないでしょう。みんなすぐに向かうところも、意見もころころ変わってしまうではないですか。

昔と違って、ある意味では、右翼も含めて人権思想が芽生えてきて、こんなくだらない政治家のために自分が二十年も刑務所に入ったり、下

浜口雄幸
（はまぐちおさち　一八七〇～一九三一）　官僚・政治家。第二七代内閣総理大臣（在任一九二九～三一）。蔵相・内相等を歴任。国際協調・緊縮財政・軍費抑制に尽力。一時期離脱していた金本位制への復帰に意欲を見せ、元日本銀行総裁の井上準之助を蔵相に迎え、金解禁を実行。三〇年、東京駅にて佐郷屋留雄に撃たれ重傷、翌年死去。

浅沼稲次郎
（あさぬまいねじろう　一八九八～一九六〇）　政治家。戦前期に共産党に属するも労農党、日本労農党を経て、社会大衆党に入党。衆議院議員に当選。戦後は日本社会党結党に参加、書記長、委員長を歴任。民衆から絶大な人気があった。日比谷公会堂での演説中に山口二矢によって刺殺される。

手したら殺されたり、自決したり、そんなことはしたくないと思っています。いま血盟団事件*のように、自分が捨て石になってもいいと思える謙虚な人はいないでしょう。戦前にはギロチン社というアナーキスト集団もいて、左翼のテロリズムもありましたよ。

孫崎　テロについてはどう考えていますか？

鈴木　戦後の右翼をみると、例えば三島由紀夫だって、野村秋介だってテロは否定していないし、テロは必要だと認めています。でも最終的なぎりぎりの場面ではテロをしていません。三島由紀夫はテロがあるから政治家は衿を正すというようなことを言っています。でも三島さんは政治家をターゲットにしていません。市ヶ谷に乗り込んだときだって、自衛隊の将官が目の前にいたのです。戦前のテロリストだったら、まずその将官を殺してから死にますよ。野村さんの事件も、「巨悪」と批判していた朝日新聞の社長と面談したのですから、社長を殺害して自分が死ぬのが本来のテロでしょう。でも、そうはしなかった。

テロをやったらただの人殺しだと、いまのマスコミでは誰にも評価されないし、自分たちの国を憂えた言葉も伝わらないと分かっていたのです。だから、思想ではテロを肯定しても生き方ではテロは否定したのだと思います。

血盟団事件
一九三二年、元軍人で日蓮宗僧侶の井上日召の立正護国堂に集った青年たちによる連続テロ事件。経済恐慌・農村飢餓に苦しむ民衆の怒りから政財界の有力者を敵視。「一人一殺主義」を唱え、血盟団を組織。前蔵相井上準之助、三井合名理事長団琢磨を暗殺。首謀者として井上が逮捕されると、約三十万の減刑嘆願書が寄せられた。

いまテロの効果はまったくありません。テロをやったら、その時点ですべてが否定されます。五・一五事件、二・二六事件や血盟団事件の頃は、マスコミに対して、ほかに訴える言葉がなかったのです。ちょっと集会をしようとしただけで捕まる、街宣車で騒ぐなんてことはできませんでした。自分たちの体を捨ててやることだけが、社会に向けて発することのできる言葉だったのです。

いまはいろいろな意味で言葉があり表現ができるのに、それをやらないでテロだなんていうのは逃げです。卑怯ですよ。

孫崎　逆に言うと、街宣車だったり、ネットでわあわあ騒いでいるのが、ある意味で究極的な不安をやわらげている激情の吸収材になっているという感じですか？

鈴木　いえ、言葉そのものがテロになっているのではないですか？　本屋に行けば、中国・韓国なんかやっちまえみたいな本が、驚くほどたくさん出ています。あれこそテロです。人を殺すより、マスメディアで喧伝するほうが、影響があって効果的なのでしょう。みんなが「そうだ、そうだ」と賛同してくれますからね。でも、これはかえって日本を危うくするだけです。中国や韓国では、日本がそんなにこちらを嫌うのなら、こっちだって嫌っていいとなるだけですからね。

孫崎　政治家ということで言えば、オバマ大統領はかなり脅かされていま す。実際のテロというわけではないけれども、テロをやるというブログ 書き込みとかいったかたちでかなりの脅威を感じていると思います。

それが関係するのかどうかは分かりませんが、非常にリベラルな印象があるオバマは、就任以来、軍に歯向かったことはありません。政権について、歴代の大統領と同様に国務省はじめトップの人間を入れ換えましたが、軍の制服組には人事権を発動していない。人事権を発動しようとしたポストもありましたが、彼の力ではできませんでした。

三島由紀夫が言うように、テロがあるから衿を正すのではなく、テロがあるからひるむ人のほうが多いと思います。間違いなくアメリカの政治が歪んできたのは、ケネディ暗殺からです。

鈴木　テロがなくなると政治が堕落する。文学としてはそういうことが言えるかもしれないけれど、現実の政治では無理ですね。

関東大震災と治安維持法

鈴木　一九二三（大正十二）年九月に関東大震災が起こりました。甚大な被害の混乱の中で、大杉栄と伊藤野枝*、甥の三人が憲兵隊に連行され、リンチのようなかたちで殺されました。また、井戸に毒を入れたという

伊藤野枝（いとうのえ　一八九五〜一九二三）　婦人運動家、無政府主義者。辻潤と結婚後、青鞜社に参加。女性解放運動に尽力。大杉栄と同棲関係になった後、労働運動にも参加。大杉栄と共に憲兵隊に虐殺される。

ようなデマから、多くの朝鮮人が虐殺されました。* 関東大震災の二年後、一九二五（大正十四）年、治安維持法*が成立しています。

僕は政府や警察より、民衆の暴走が怖いと思います。吉村昭*の『関東大震災』（文藝春秋）に詳しく書かれています。どこから朝鮮人が井戸に毒を投げたという噂が出て、どういうふうに伝播していったのか。僕は知らなかったけれど、民衆が押し掛けていくときに自警団の働きがかなり大きいのです。いまの人たちの多くは、国家権力と警察が一体となって朝鮮人を虐殺したと見ているでしょうけれど、民間人の暴走が大きく作用していました。最近も、朝鮮人を虐殺したのは日本人の正当防衛だなどと主張する本が出ていて、なんていうことを書いているのかとあきれました。いまの日本で、同じような狂気が人びとの中に生まれたら、もっとひどいことをやるのではないかと思います。

孫崎　鈴木さんがさきほどおっしゃった、軍部と一体ではなかった右翼の人たちの流れは、大正時代末からどうなったのですか？

鈴木　弾圧されて、だんだん姿を消しました。葦津さんの本も後に出版禁止になっています。

孫崎　治安維持法で弾圧されたのですか？

鈴木　ええ、そうです。国家として一つの意思しか認められなくなったよ

朝鮮人が虐殺されました
関東大震災の混乱の中、「朝鮮人が井戸に毒を入れた」「不逞鮮人が暴徒化」との流言蜚語等で日本国内に住む朝鮮人が襲撃され、虐殺された事件。殺害された者は、吉野作造の調査によれば二千六百人以上とされたが、諸説あり被害者数は確定していない。

治安維持法
一九二五年制定。二八年改定、最高刑を死刑に変更。四一年に取締り範囲を拡大し予防拘禁も可能になる。「国体」の変革を目的とした活動・組織を取締り対象としたが、拡張解釈の余地が大きく、思想・政治活動弾圧の常套手段となった。

吉村昭
（よしむらあきら　一九二七〜二〇〇六）小説家。太宰治賞、吉川英治文学賞、菊池寛賞、大仏次郎賞、毎日芸術賞等を受賞。『ふぉん・しいほるとの娘』『ポーツマスの旗』『戦艦武蔵』『ニコライ遭難』『天狗争乱』等著作多数。

うな状況になって、右翼と言われようがなんだろうが、その国家の意思と合致しない思想は弾圧されたのです。いまも、この国には一つの意思しかないような感じになっていますから、同じようなことになるのではないかと怖いですね。

孫崎　そうすると頭山さんみたいな考え方の右翼はいたけれども、治安維持法でそういう人たちは弾圧されて消えたということですね。

鈴木　そうです、反対意見はないものとされたのです。

孫崎　外交という面では、軍部との闘いは、治安維持法と関係なく闘わざるを得ない感じになっていきます。それよりも、国内で軍部に反論する機会がなくなって、世論が一本化されていくことが問題でした。

外交など交渉や利害調整での戦略論の中心となる部分は、ある戦略について いくつか代案を示すことです。われわれが取り得る道を二つ、三つ見せる。そして、それぞれのプラス・マイナスを比較しながら最適な戦略を構築していくという過程を経て、一番よい戦略、国の利益を増進する戦略に至るのです。

しかし、治安維持法のもとでは、軍部から出された一つの道筋だけが素晴らしいということになって、その他の路線はみんな切っていきました。そのような戦略の決め方をしていれば、戦略ではなく賭け事です。

外れれば、奈落の底に行くよりほかないのです。

いくつかの選択肢がそれぞれの時代に提示されることによって、軌道修正ができるのです。情報公開をしなければ、政治をやっている人たちにとっては楽でしょう。しかし、この道は簡単だけれど、国の歩むべき道を大きく誤らせることになります。そういう意味で治安維持法は、国のありようについて複数ある選択肢を切って捨てて、一つの方向に突き進むことだけを正しいとする流れをつくるのに大きく作用してしまったと思います。

鈴木　いまは治安維持法みたいなものはできないと思いますが、特定秘密保護法*が成立したことで、情報公開など、どうなるのかと気がかりです。

ヘイトスピーチに関する法律をつくらなければいけないと言う人がいますが、そういう法律ができたらば、いろいろなかたちで補完して、総合的に結局、治安維持法みたいなものをつくるきっかけになりかねません。自民党に対する批判もヘイトスピーチだと禁止されたら、たまらないですね。警察に判断を任せるべきではないし、また法律で取り締まるべきでもないと思います。

孫崎　特定のグループ、あるいは特定の政策に従事してきた人たちは、自分の政策が正しいと思っています。そういう人たちの論理からいくと、

特定秘密保護法
「特定秘密の保護に関する法律」は二〇一三年十二月に成立・公布。一四年末に施行。国家安全保障に著しい支障を与えるとされる情報を「特定秘密」に指定し秘密取扱者を調査・管理する「適正評価制度」を導入。また特定秘密を外部に知らせたり知ろうとする者を処罰する法律。

自分たちの考える道が正しいということになるのでしょうが、大きな流れからいくと選択肢は非常にたくさんあるのです。例えば、原発を見ると、経済産業省や財界の人は原発を再稼働することが正しいと思っています。正しいと思っていて、再稼働を阻止しようとする人たちを排除しようとします。異なる選択肢を提示する人たちを排除することを、これまた正しいと思っています。そのためには手段を選ばなくなってきている。権力を持った人間が自身の正しさを検証もなくむやみに信じ込むと、いつもこの問題が起きます。そして、いまの日本にとっても、これこそがたいへん大きな問題です。

大正時代と現代の相似

孫崎　大正時代も、政治や警察・軍部にいた人たちは、同じように考えていたのでしょう。治安維持法で不穏分子を取り締まっている人たちは、自分は間違っているとは思っていません。これは国家のためにやっていると思っているから、その手段が正当化されます。虐殺みたいな違法なことをやっても、「少々の犠牲をこの小さなグループに負わせたかもしれないけれど、日本全体のためにはプラスになっている。自分たちは正しい」と思っていました。そういう論理のすり替えがあった。

しかし、重要なことは、あるグループが正しいと思っていて、そこでは論理が成立していたとしても、異なる考え方から提示される複数の選択肢を排除するということは、結局はその社会全体の歩みをおかしい方向にもっていくということです。

いま日本の外交はすでにおかしい方向にいくつかは踏み出しています。中国・ロシア・韓国との関係はいずれも外交という面から見ると、問題を解決する方向には向かっていません。

日本の社会も原発、ＴＰＰ、増税の問題があります。現在ある問題の方向そのものがすでにおかしい、そういう状況に入っています。

往々にして、おかしな状況に入っているときには、おかしいからこそ、そのおかしさを指摘する勢力に対する弾圧が強まります。大正時代には、治安維持法というかたちでそれが出てきました。経済や国際関係の諸問題を解決するためには、選択肢を広げなければいけないのに、自分たちの政策を正当化するために日本社会をギュッと狭めようとしたのです。社会の持つ柔軟性・多様性を縮めていったときの怖さというものを、大正時代が示しているのだと思います。

最も恐ろしい社会状況とは、ある一方向、冷静に考えればおかしい方向に突き進んだときです。さまざまな思想が生まれ混沌としていれば、混乱はあっても、あるグループだけが権力を持って、その他の人たちを弾圧するような恐怖社会は発生しません。ところが、社会が一体化してどこかに暴走を始め、国家としての一体感を流用し、暴走の惰性を使ってすべての異論を排除しながらある方向に行き始めたとたんに、その社会はまともではなくなっていきます。

鈴木　ああ、翼賛体制*がそのいい例ですね。

孫崎　そうです。戦前史には忘れてはいけない教訓が多くありますね。そもそも、なぜ民主主義があるかというと、一致団結してまとまって変な方向に行かないため、全員で同じ過ちに行くのを止めるためにあるのだと思います。そういうことから考えると、いまの日本は非常に危険だと思います。あえて苦言を呈すれば、いま国を変えようとして方向性を示している政治家に、そんなに深い考えはありません。

鈴木　外国人特派員協会に呼ばれてヘイトスピーチついて話したとき、アメリカの記者が「関東大震災のときと同じようなことを、いまの日本はやろうとしているのではないか？」と質問してきました。

東日本大震災の後は世界中が日本に同情していたし、被災地の人たちの互いを思いやる姿を尊敬していました。しかしその二年後の二月、大阪の鶴橋で女子中学生が、鶴橋に住んでいる朝鮮人をみんな殺したい、

翼賛体制
大政翼賛会を中心として、戦争遂行のため国力の一本化を図るため諸権力を集中的に把握する政治体制。近衛文麿首相下の新体制運動を経て、一九四〇年、大政翼賛会結成で、全政党が解散になり野党が存在しなくなった。

南京大虐殺じゃなくて鶴橋大虐殺をやりたい、それが嫌なら日本から出ていけ、という内容の演説をしました。このスピーチをさせた団体が、You Tubeにその映像を流して、これを見た世界中が凍り付きました。こうした発言を許している日本を、世界中が批判しているというのです。

普通だったら、そんな馬鹿げた人種差別的なことを言うのを大人は止めるのに、止めないでやらせている。それを日本のマスコミはまったく報道しません。でも、映像を見て衝撃を受けて、日本ではこのような発言がされていると、世界中にニュースとして流されています。それは事実ですから、文句のつけようがありません。

だから、日本は関東大震災のときと同じように、朝鮮人虐殺をやろうとしているんじゃないかと言われるのです。

あるいは八月十五日に靖国神社に行くと、鉄砲を持ったり、サーベルをぶら提げた軍人みたいな人が、たくさんいます。日本人としては、ちょっと異常な、例外的な人たちだと思っても、そういう人たちがいるのは事実ですから、その映像が世界中に流されます。それに対して日本の政府もきちんとフォローしない。あんなのは日本の全体ではない、例外的だと言うこともしません。

日本はそういう人たちの行動に対して、外国にとやかく言われる筋合いはないというような対応をしています。そういう態度で、国内的にまとまって、憲法を改正して、もっと軍備を強化して、自分たちの政権を強固にするために利用しているだけではないですか。このような政府のやり方は、北朝鮮と同じではないかと思います。

そういう意味では、民衆の暴動というのは怖いと思います。ヘイトスピーチだって、権力がやらせているわけではありません。民間人が、韓国、中国からもなめられている、たまらない、許せないと、差別用語を言い放題でやっているわけです。そうした発言、行動を放っておくから、無秩序状態で何でもやってやろうと思う人たちはブレーキがきかなくなってきている気がします。特に地震などの大きな天災があると、民衆の暴動はエスカレートしていくのではないでしょうか。

そういう意味で、大正時代には、いまを考えるために重要な事柄がたくさんあると思います。

第三章

対米開戦の日本人

勝算なき大戦の教訓とは?

真珠湾攻撃

誰が戦争に向かったのか？

鈴木　東條英機のお孫さんの東條由布子*さんに生前、僕は何回かお会いしています。彼女は東條英機、おじいさんを尊敬していて、絶対的に信奉していました。

米英と開戦する前、東條英機宛に、「なぜ戦争をやらないんだ！　腰抜け！　非国民！　売国奴！」という内容の手紙や脅迫状のようなものが、国民からいっぱい送られてきたそうです。僕は、国民がそんな手紙を送ったなどということは、まったく知りませんでした。そうした国民からの手紙などを、由布子さんは保管していました。

「天皇や軍人が無理やり、戦争に進んだ。平和を愛する日本国民を戦争に引きずり込んだ。反対する人間はみんな刑務所に入れた」と、戦後は言われてきました。でも、実際には、そうではなかったのかもしれないと思いました。

米英との圧倒的な力の差が分かっていた軍部にも、戦争をしたくないという考えはあったのかもしれません。新聞も含めて国民に、戦争しかない、戦争さえすれば、いまの暗い気持ちが解き放たれるのではないか、そういう気分が広がっていったのであれば、そういう意味で、世論が戦

*東條由布子（とうじょうゆうこ　一九三九〜二〇一三）　著述家。東條英機の孫娘。保守論客の立場から著述・講演活動をおこなう。『大東亜戦争の真実』『祖父東條英機「一切語るなかれ」』等著書多数。

争に向かえと軍部や政府を煽った部分は大きいのではないかと思います。

孫崎　すでに触れた伊丹万作さんの「戦争責任者の問題」（一九四六年八月『映画春秋』創刊号掲載）という文章に、こうあります。

「多くの人が、今度の戦争でだまされていたという。みながみな口を揃えてだまされていたという。私の知っている範囲ではおれがだましたのだといつた人間はまだ一人もいない」

すべての人がだまされたと言っているが、実は、みんながだます側にも加担していたと伊丹さんは指摘しています。町内会とか隣組、警防団、婦人会といったものに、みんなが参加して、戦争に向かう空気をつくっていったとも言います。

「少なくとも戦争の期間をつうじて、だれが一番直接に、そして連続的に我々を圧迫しつづけたか、苦しめつづけたかということを考えるとき、だれの記憶にも直ぐ蘇つてくるのは、直ぐ近所の小商人の顔であり、隣組長や町会長の顔であり、あるいは郊外の百姓の顔であり、あるいは区役所や郵便局や交通機関や配給機関などの小役人や雇員や労働者であり、あるいは学校の先生であり、といったように、我々が日常的な生活を営むうえにおいていやでも接触しなければならない、あらゆる身近な人々であつたということはいつたい何を意味するのであろうか」

みんなが戦争に関与したということを、われわれはきちんと見なければいけないでしょう。すべての人が戦争というものの中に入っていった、推進する側に入っていったと思います。

戦後に書かれた、この伊丹さんの文章は、同じような道をたどってはいけないという教訓でもあります。いま、この文章の重みはとても大きいと思います。

圧力に弱い日本人

孫崎　伊丹さんの文章からも分かるように、日本人は圧力にとても弱い国民です。圧力をかけてくるのが軍や警察ならば仕方ない面もありますが、もっと日常的なお付き合いの中での圧力にまで敏感に反応し、屈してしまいます。隣組の組長、近所のおばさんたちという「権力」とは言い難い人から圧力を加えられるだけで、もうひるんでしまう。圧力を加えられるのは、往々にして少数意見を持つ人たちです。

世界の歴史を見ると、大きな力に抵抗する場合は、たいてい集団で抵抗しています。日本の場合、散発的に流れに抗して発言したり行動したりする特定の人はたまに出てくるかもしれませんが、大きな流れがどこかへ行こうとしたときに、集団化してこれと闘うという例はほとんどないのではないでしょうか？　関ヶ原の戦い*に徳川家康率いる東軍が勝った頃から、勝敗が決し、一度大勢が決まったら、そこで抵抗も終わりになっていたように思います。江戸時代の一揆も、散発的で、幕府そのものに抵抗するものではありませんでした。

鈴木　日本にはレジスタンスがないということですね。

孫崎　民主主義が生まれた経緯をみれば、まず強大な権力に対するレジスタンスがあって、そのうえに築かれてきたわけです。日本では一度、武力のような大きな力によって流れがつくられると、それに抗するものがありませんでした。例えば、第二次世界大戦の前、中国との関係を何とか改善しようとして、外務省の中でも和平を模索する動きがありました。しかし、中国公使だった佐分利貞男*が一九二九（昭和四）年に箱根で殺される事件が起こると、そうした動きは終わってしまうのです。佐分利の死は「謎の自殺」とされ、その真相は闇に葬られたままです。大きな流れに抵抗したら何をされるか分からない怖さが出てきたとたんに、誰

関ヶ原の戦い
（一六〇〇年）　徳川側と豊臣側の天下分け目の合戦だったが、戦前の予想に反して一日で大勢が決する。その後、反徳川勢力の抵抗は微弱で散発的なものに止まった。

佐分利貞男
（さぶりさだお　一八七九～一九二九）　外交官。通商局長、条約局長等を歴任。駐支那公使在任期間中、張作霖爆殺事件の沈静化に奔走する中、一時帰国中の箱根にて死亡。頭部を拳銃で撃ち抜かれており、捜査当局は自殺と断定するも不審な点も多く、当初から暗殺説も根強く主張され「佐分利公使怪死事件」と言われた。

も動かなくなります。

残念なことに、今日でもそれは同じです。例えば原発の安全性について、東日本大震災で福島第一原発で実際に何が起こったのか、事故の原因はきちんと究明されていません。近いうちに起こるだろうと予想されている東南海地震など、大規模な地震が起きたら、太平洋沿岸にある原発でどのような事態が引き起こされるのか、予断を許しません。また、その対策を立てるうえでも、福島第一原発の事故の検証はたいへん重要です。しかし、その検証がされないままに、自民党政権は全国の原発を再稼働しようとしています。

きちんと検証されないとはいえ、福島第一原発が、地震と津波によってメルトダウンに至る深刻な事故を起こしたことは明白です。同じような地震が起これば、地震と津波が起こるエリアにある原発で重大な事故が起きる可能性が大きいことは、福島の経験から否定できません。それでも原発をやめようと声を上げる人が少ないのが現実です。

体制の中枢になればなるほど、日本人は黙ります。一般の人たちの中には、原発廃止を求めてデモをしたり、官邸前で抗議運動をする人たちもいますが、官僚など国の中枢にいる人たちが何か行動を起こすことはありません。中枢になればなるほど、国家意識的なもの、国の方針と一体化するというような意識が肥大し、権力に近い人間は間違った方針に気がついたときも、大きな流れを止める側には回らずに、一番強い力に隷属するのです。権力に近い人間がもっとも権力に弱い構図が生まれます。

　これは、ある意味で日本社会にとって一番深刻な問題点、最大の弱点の一つではないかと思います。

鈴木　最近、よく「同調圧力」という言葉を聞きますが、とにかく人と同じでなければ不安だという心理が日本人にはあるように感じます。それは、民主主義とはかけ離れたあり方ですね。

孫崎　一つの流れが決まると、みんながそれに賛成する。伊丹万作が言う、戦争の責任者は国民全部ではないかという指摘は、そういう国民の意識に向けられていると思います。鈴木さんもおっしゃるように、大きな流れができると、みんなが同意するという風潮は、今日も続いています。

鈴木　そう考えると、いまはかなり危険な状態ですね。戦前史といまの日本が繋がってきます。

孫崎　そう思います。太平洋戦争のときも、冷静に見ればアメリカと戦争するのは無謀だということは分かるし、それを指摘して頑張る人がいたかもしれません。でも、最終的には、そういう人たちも流れに身を任せてしまいました。

海軍のトップにいた山本五十六*にしても、対米戦争が始まるときに、アメリカに対して二年か三年くらいは頑張ってみせますと言いましたが、それは、彼が本当に言いたかったこととは違います。こういう言い方で、「アメリカと戦ったら、そのうち必ず負ける」ということを言いたかったのでしょう。しかし、あからさまに「アメリカと戦争をしたら負ける」とは言えないのです。反対するにしても、潮流と大きくかけ離れたかたちでは抵抗しません。

日本の場合、そういう、まっこうから反対意見を述べることははばかられるという考え方、あるいは身の処し方が、いままでずっと続いているのではないでしょうか。伊丹万作の「戦争責任者の問題」は、そういう態度が太平洋戦争に突入することを促したと述べるものでもあると思います。

ABCD包囲網とは何だったか?

鈴木　米英と開戦する直前、日本はABCD包囲網で石油の輸入ができなくなりました。ABCD包囲網という言い方は、日本での呼び名ですね。一説には、新聞が命名したとも言われています。

*山本五十六（やまもといそろく　一八八四～一九四三）　海軍軍人。海軍大将・元帥。連合艦隊司令長官として真珠湾攻撃を計画。ソロモン諸島ブーゲンビル島付近にて戦死。

これはアメリカ（A）、イギリス（B）、オランダ（D）による経済制裁・貿易の制限でしたが、そのときすでに戦争をしていた中国（C）を入れて、ABCD包囲網という呼び方をしたんですね。米英蘭は、いまでも石油メジャー*を擁していますから、この経済制裁に危機感を抱くのは当然かも知れません。中国はいまでこそ産油国ですが、当時はアメリカと並ぶ石油輸入国でもあり、ましてやあの頃は石油生産はほとんどしていませんでした。その中国も入れて「包囲網」というのは、無理があるような気がします。これも戦争へ向かう空気を煽るために、マスコミがつくって喧伝した言葉なのかもしれません。

それにしても、石油が輸入できなくなれば飛行機や戦艦の燃料もなくなって、戦えなくなることは分かっていたでしょう。それなのに開戦に踏み切ったのは、どうしてなのでしょう？

孫崎　石油は数カ月しかもたないから、いまのうちに戦争をしかけて、短期決戦で勝とうということだったのではないでしょうか。

ABCD包囲網と呼んでおきますが、この経済制裁は明確に謀略というか、アメリカに参戦してほしかったチャーチル*が意図的にしかけたものです。アメリカの参戦を導き出すために、最初はドイツにしかけたのですが、ドイツは挑発にのりませんでした。逆に言うと、ドイツとアメ

石油メジャー
石油の採掘から輸送・精製・販売までの全過程を一貫して統合し、寡占的に市場を掌握する欧米系巨大企業の総称。中東諸国の石油輸出国機構出現以降はその支配力が低下するも、近年は石油以外の資源開発にも着手し総合的なエネルギー産業として新たな段階を迎えている。中国系・ロシア系のエネルギー企業もこれに加わりつつある。

チャーチル
（ウィンストン・チャーチル　一八七四〜一九六五）　イギリスの政治家。第二次大戦期に首相として連合国勝利に貢献。

リカの戦争が始まっていれば、日本なんかどうでもよかったのです。日独伊三国同盟*があって、「日本だったら挑発にのる。日本と戦争できれば三国同盟でドイツが自動的に参戦する」と読んだのです。そうすればチャーチルの真の狙いであるアメリカの対独参戦を導き出すことができる。この流れにもっていくためにチャーチルがしかけているのに、日本はしかけられたことを読めなかったのです。

国際政治では、ある意味で謀略的なものが、その時々の力関係を動かす主流になっていることを日本は分かっていませんでした。表面に出てくる事柄しか見ない。その背後にあるものを考察する視点がないのです。いまでも国際情勢の分析が非常に弱いのは、当時と同じです。私はABCD包囲網は確実にしかけられたものと思っています。あるときチャーチルは、「なぜすぐに日本が戦争に出てこなかったのか不思議に思える」と言ったくらいですから、石油を止める措置は日本を戦争に引き寄せるためのものだったのです。

日本はこの戦争を「大東亜戦争*」と呼んでいますが、実態は世界戦争です。日本は三国同盟を結んでいたから第二次世界大戦に参戦しているのに、大東亜戦争という視点でしか、ものが見られなかった。これも国際情勢の判断の甘さだと思います。

日独伊三国同盟
日独伊防共協定を発展させた軍事同盟。一九四〇年九月に締結。三国を「枢軸国」と称し、米英との対立激化に繋がった。

大東亜戦争
対米戦争開戦後の一九四一年十二月、東條内閣において、米英蘭中との戦争を「大東亜戦争」と呼称すると閣議決定。「太平洋戦争」は戦後からの呼称。

鈴木　日本は大東亜解放のための聖戦だということで、米英に宣戦布告しました。

孫崎　アジアあっての対米英開戦という流れですね。アメリカにとっても、ヨーロッパの戦線がまずあって、その流れの中に日本との戦争が出てきたのです。すでに局地戦という限定戦は現実的でなく、世界規模での戦闘が明白視される時代に突入していたということだと思います。

国際情勢を分析する力の欠如

鈴木　軍人や外交官には、世界のことをかなり知っていた人がいたのではないかと思います。外交官は実際にさまざまな国を見ていますし、軍人にも駐在武官*として海外の生活を体験した人たちがいました。その人たちは、欧米の国々と日本の力が圧倒的に違うことは分かっていたと思います。

なぜ山本五十六の消極的な、「何とか頑張ってみます」みたいな言い方をする程度の抵抗しかできなかったのかと思います。最初から、「こんな戦争は勝てるはずはない」と言えなかったのでしょうか？

孫崎　言えなかったのです。開戦反対派にも弱点があり、絶対的な情報の裏づけがなかったのです。当時の最大の問題は、冷静な国際情勢の分析

駐在武官
公務として本国から派遣され外国に駐在する軍人。軍人ではあるが外交官特権も有する。合法的な軍事情報収集・軍事部門における交流などを役職とするが、ときに非合法活動（スパイ活動）などが問題になる場合がある。通常は、大使館および公使館付勤務となる。

ができていないということです。
　真珠湾攻撃の後で、ドイツはスターリングラードで負けるわけですが、日本はドイツが勝つという前提で、勝ち馬に乗るという考えから開戦に踏み切っています。ドイツが負けるかも知れないというリスクも勘案して十分な準備をして戦争に入っているのではありませんから、スターリングラードでドイツが負けた時点で、日本が戦争に入った論理は破綻しています。もしドイツが負ける可能性を考え、客観的な情勢判断がしっかりできていれば、いくら石油を断たれたといっても、開戦に踏み切るのは我慢していただろうと思います。すでにそこで大きなミスをしたということです。

鈴木　日露戦争時も、日本はロシアに比べて圧倒的に力は弱かったけれども、勝った。「やっぱり日本は、たいしたものだ」とマスコミも国民も興奮しました。本当はアメリカの仲介で勝ったというかたちになったのに、そのことには目を向けなかったのも、いまにして思えば大きな間違いだったと思います。まだ生まれたてといってもよい明治日本が、強大な敵ロシアに勝ったのは、「正義の国だから」「神の国だから」「最後は神風が吹く」「元寇のときもそうだった」といった、まるで神話的出来事のような受け止め方をされていったように思います。

スターリングラードで負ける
一九四二年〜四三年にわたるスターリングラード（現ボルゴグラード）攻防戦。独ソ戦の軍事的山場となり、ソ連はドイツ側以上の損害を蒙りながらも戦闘に勝利し、ドイツ軍を押し返す。東ヨーロッパ戦線でのソ連の優位が決まる。

神風
（しんぷう・かみかぜ）もとは神の威徳によって吹く風をさす神道の概念だったが、後に元寇の際に蒙古軍船に損害を与えた大風をさすようになる。さらに第二次大戦期、アメリカ軍船舶などを対象にした日本軍の特別攻撃隊の呼称として世界的に知られる。

元寇
十三世紀の蒙古襲来。一二七四年（文永の役）、一二八一年（弘安の役）の二回にわたり元が日本に襲来。鎌倉幕府の抵抗と大風等によって撃退。

そういう信念とか、精神論のようなもので日本は勝てると言われると、科学的立場でものを考え発言する人は、太刀打ちできないのではありませんか？　日本を信じないのか、と言われてしまいます。

孫崎　すでに申し上げましたが、日露戦争まではアメリカの海軍士官学校に留学生を送り込んでいたのに、日露戦争の後、一人も行っていません。「日本はアメリカに学ぶことはもうない」、そんな考え方が出てきたのでしょう。

鈴木　思い上がったとしか言いようがないですね。

孫崎　以来、神の国かどうかは別にして、われわれはどのようなことがあっても勝てるという情緒的な流れができて、冷徹な情勢分析をして考える姿勢がなくなってしまいました。日露戦争以降、対外戦争で「小さな負け」がなかったのも、そうした流れが大きくなった一因かもしれません。もし途中に「小さな負け」が入っていたら、軌道修正できた可能性はあったようにも思います。例えば、東南アジアの貿易拠点である港で、欧米諸国との権益争いをして負けるとか、そんなことでもあれば、むしろよかったのかも知れませんが……。

話は違いますが、後に大蔵省*に入る千野忠男*が戦後、ガリオア（米・占領地救済政府基金）・エロア*（占領地経済復興基金）の関係でサンフラン

大蔵省
現・財務省。二〇〇一年に廃止。呼称自体は八世紀の大宝律令制定時から使用されてきたが、近代的官庁としては明治二年から整備された。財務・通貨・為替・証券などの金融全般にわたり監督・指導した。

千野忠男
（ちのただお　一九三四〜二〇〇八）官僚。大蔵省国際金融局長、財務省財務官等歴任。退官後は、アジア開発銀行総裁を務める。

ガリオア・エロア
一九四六年から五一年までで日本が受けた両資金の総額は約一八億ドルであり、そのうち一三億ドルは贈与であった。

シスコに行きました。立派な家が並んでいるのを見て、彼は現地の人に「これはどこの役所の建物か」と訊いたら、「個人の家だ」と言われて驚きます。これだけ経済格差のあるアメリカとわれわれは戦争をしたのかと、愕然としたといいます。

アメリカを少しでも知っている人間ならば、戦争相手にはできないことくらい分かりますが、大きな流れの側に暴力的な力が見えたときに、それに抵抗する力は日本社会にはほとんどないのではないでしょうか？　そして、流れに身を任せてしまうのが、日本の現在まで続く社会のありようだと思います。

アメリカに対する「誤解」

鈴木　それでも分からないのは、国政を預かる人や外交官、軍人はなぜ冷静な見方ができなかったのか？　ということです。天皇制についても、天皇は神様だと一般の人たちは言っても、権力の中枢にいる人たちは、「機関」であるというような、冷静な目で見ています。そうでなければ、政治なんかできないでしょう。戦争に向かうとき、なぜそういう人たちまでが精神論に負けたのか、納得できません。

孫崎　例えば辻政信*という人がいます。関東軍の参謀として、ノモンハン

辻政信（つじまさのぶ　一九〇二〜没年不詳）軍人・政治家。エリート軍人として頭角を現し、関東軍参謀としてさまざまな工作に関与。ノモンハン事件の首謀者の一人。南方戦線においてもガダルカナル島の戦いで指揮をとる。タイで敗戦を知ると僧侶に変装し潜伏、日本帰国に成功。戦後は体験談を出版。衆議院議員、参議院議員を歴任。参議院議員在職中に東南アジアに向かい、ラオスで失踪。その後の消息は不明。

事件*のときには強硬論でソ連に侵攻し、こてんぱんにやっつけられています。その後、南方戦線に参謀として関与して、ガダルカナル島*の戦いでも無謀な攻撃を指揮したという人物です。この辻政信のように、参謀として作戦を指揮した軍人が冷静に国際情勢を見ていたかというと、まったくそうではありませんでした。

鈴木　でも外務省や軍人には冷静な人がいたのではないですか?

孫崎　いなかったわけではありませんが、まさに辻政信的な力で押しまくるようなタイプが力を持ってしまうのが、当時の日本でした。組織の中で、現実対応的な柔軟な見解を言う人間、少数意見を出す人間がみんな排斥されていきました。

鈴木　開戦に踏み切ったときには、一九四五年八月十五日までの間にあれほど叩きのめされるとは、軍人も思っていなかったのでしょうか?

孫崎　日本は太平洋で戦争を始めるときには、「アメリカという国は民主主義国家だから、数年間もの戦争をやり続けることはできない」と考えていました。論拠はよく分かりませんが、「民主主義ならば、国のために戦い続ける国民はいない」というのです。だから、「アメリカはあるところで和平を提案してくるだろう。それまで持ちこたえればいい」というのが、開戦時の戦争指導方針です。ところが、この戦争指導方針は

ノモンハン事件
一九三九年五月から九月にかけて起きた日ソ武力衝突。日本国政府・大本営の意向とは反対に国境警備隊の交戦が大規模紛争に拡大。詳細には戦闘推移の区切りによって第一次・第二次に区分される。双方多大な犠牲をだし、日本側には得るものはなかった。

ガダルカナル島の戦い
一九四二年八月から翌年二月までおこなわれた日米によるガダルカナル島攻防戦。日本軍は物資不足、マラリア、飢餓に悩まされながら戦闘を続けるも劣勢は挽回できず敗北。太平洋戦線のアメリカ軍の優位が決定的になった。

まったく見当違いな論理で成り立っていたわけです。

チャーチルは日米開戦時に、これでわが国は救われたと言いました。彼には、日本はアメリカに完膚なきまでにやられることが見えていたからです。

チャーチルは南北戦争*を研究した人で、「アメリカ人は一度戦争を始めると、相手を最後の一点まで残さず潰す。めちゃくちゃになるところまでやる」と言っています。アメリカという国を、チャーチルのようにしっかり勉強する人が日本にいれば、戦争指導方針は変わったかも知れません。

戦争中に陸軍のソ連課長だった人が外務省で働いていました。彼から直接聞いた話です。彼は最初、満州で従軍していましたが突然、部隊を率いて南方に行けと言われたそうです。その命令を受けて、われわれは対ソ連用に装備しているから、南方向けの軍服などの装備を送ってくれと陸軍の本部に要請したら、「あっちは暑いから服を脱げばいい」と言われたそうです。それはいいとしても、自分は参謀だから南方で対峙するアメリカの戦略を勉強したい、その資料を送ってくれと言ったら、「ない」という返事が来たというのです。つまり、日本はアメリカと戦争をする準備をまったくしていなかったということになります。


南北戦争（一八六一〜六五年）内戦ではあるが、長期にわたる激戦でアメリカ史上最大の戦死者を出した戦争。犠牲者数には諸説あるが、五〇万とも六二万人ともいわれている。

鈴木　アメリカは民主主義の国だ、民主主義の国ではみんな自分のことしか考えない、個人主義だから何年も国のために戦うなんてできない、必ずギブアップするというのは、思い込みでしかなかったのですね。本当にそういう国なのかどうか、日本はアメリカを研究していなかったのに対し、アメリカは日本人をずいぶん研究していました。

戦後、日本でも反響が大きかったルース・ベネディクトの『菊と刀』*も、戦争中の日本研究から生まれた論文です。アメリカは、文化人類学者に、戦争の相手国についてレポートさせていたわけです。そういう面から考えても、無謀な戦争だったとしか思えません。

大きな流れは異論を排除する

孫崎　日露戦争のすぐ後、一九〇九年に刊行された『日本の禍機』を、ここでも思い浮かべます。この本で朝河貫一は、いずれ日米が戦争に突入する危険性を警告していますが、こういう世界情勢を冷静に見る人の意見を、日本の中枢部にいる人間はまったく聞かない。危ないと分かる人はいて、朝河さんのように警告を発して、それは書籍というかたちで日本の社会に届いている。しかし、届いたとしても大きな流れと違う内容だったら、一顧だにしない。正しいことを言っている人は、みんなで排

*ルース・ベネディクトの『菊と刀』　第二次大戦中、アメリカ戦時情報局の依頼で文化人類学者ルース・ベネディクトによって執筆された日本文化論。「恩」「義理」「恥」などのキーワードをもとに日本人の思考や行動を分析。ベネディクト自身は日本を訪問したことがなかったので、それまで蓄積されたデータを利用して執筆。

除する。これがいまに至るまで、日本社会のたいへん大きな問題点だと思います。

もう一つ、一九四〇年に『日露戦争前夜』*（堀真琴著）という本が出ています。これには「日露戦争の戦費は一九億を数え、通算歳計の八年分に相当する巨額であった。その八〇％という大部分は公債によってまかなわれた。かつ金利負担の過重な外債にあおぐほかなかった」とあります。財政的にこんな馬鹿なことをやるべきではなかったと、一九四〇年に書いているのです。これは明確に、第二次世界大戦に向かおうとしている日本に対して、戦争に踏み出しては危険だという警告を発していたのではないかと思います。

鈴木　極端な話ですが、日露戦争に負けていたら、大東亜戦争はなかったのでしょうか？

孫崎　日露戦争の戦費による巨額の負債でがんじがらめになっていましたから、それをどう取り返すか、海外に出て行って富をとってくるという発想になっていました。もし負けていたとしても、戦費の負債はありますから、どこかで取り返さなければならないというのはあったかもしれません。通常歳計の八年分の戦費、その大部分が負債だったのですから、国内の生産力だけでは、とてもじゃないけど支払えないことは明らかだ

『日露戦争前夜』　政治学者で、戦後、参議院議員を務めた堀真琴による戦時中の著作。

ったでしょう。

鈴木　負債は、よその土地を奪って、なんとか埋め合わせようというのは、ほとんど戦国武将の論理ですね。

それにしても、日清、日露に勝ったことで、日本は元寇のときだって神風が吹いて圧倒的な脅威から守られたという論調に、どうしてたやすく流されたのか、やはり不可解です。軍隊までがそういう精神論で狂信的に走って、それに対して誰も何も言えなくなったというのは、近代国家として一等国になろうという明治維新以来の宿願みたいなものと、まったく矛盾すると思うのです。

なぜ負けたかと言うと、軍隊をはじめみんなが精神だけを大事にして、科学的なところがなかったと後に『天皇独白録』でおっしゃるように、天皇陛下だけは、冷静だったのではないかと思います。あとは政治家も軍部も、みんな熱に煽られて走ってしまったとしか思えません。

運動体だったら、そういう暴走も分かります。左翼とか右翼とか市民運動だったら、強いことを言わないと自分がやっていけません。話し合いをしようなんて言うと、裏切り者だなんて言われてしまいます。そういう、ちょっと集まると一方向に走る、それが日本的なのでしょうか？もし、そうならば、つまらない日本精神ですね。

孫崎　対米戦争に反対した人の中に、第一次近衛内閣*の大蔵大臣・賀屋興《かやおき》宣《のり》*がいました。戦費がないから戦えない、と言っています。近衛内閣の近辺にいた昭和研究会*の人たちは、敗戦後、日本の中枢を担って、国の再建に貢献した人たちです。近衛内閣の時代にも国の中枢部にいて、彼らの発言力があれば、そんなに簡単に戦争に行くことにはならなかっただろうと思うのですが、近衛内閣は軍部に利用され、潰されました。大蔵大臣の賀屋さんに戦費がないと言われたら、いくら軍だって、ならば仕方ないかということになったかも知れないのです。

少なくとも第一次近衛内閣が倒れなければ、戦争に行かなかったかも知れません。一九三七年六月から三九年一月までの第一次近衛内閣のときに、賀屋さんを含めて、戦争に向かうことを真剣に検討したことはありませんでした。軍部は米英と戦うことを考えていかたも知れませんが、政治家レベルではそういう選択肢はないのだから、ほんの短い間に日本は一気に戦争に向かったということになります。近衛さんは第三次内閣を総辞職する一九四一年十月まで、戦争回避を考えていたと思います。

鈴木　外交官とか、駐在武官で世界を見ていた人には発言権はなかったのですか。鎖国していたわけではないのですから、世界を知っていた人たちは、いろいろな分野でいたでしょう。

第一次近衛内閣
近衛文麿（このえふみまろ　一八九一～一九四五）は三回首相に就任した〔第三四・三八・三九代内閣総理大臣（在任一九三七～三九・一九四〇～四一・一九四一）〕。第一次内閣時は、日中戦争の打開案であるトラウトマン工作に失敗、「近衛声明」で「国民政府を相手にせず」と発表し和平工作を諦める一方、国家総動員法を制定。

賀屋興宣
（かやおきのり　一八八九～一九七七）官僚・政治家。大蔵省事務次官、蔵相、法相を歴任。第一次近衛内閣時の蔵相時代に生産力拡充・国際収支適合・物資供給調整の三原則を訴えながらも、対米戦は財政的に不可能との見解も示していた。

昭和研究会
一九三六年に結成。近衛文麿に影響を与えた政策研究会。後藤隆之助主宰で、佐々弘雄、大河内一男、有沢広巳、三木清、尾崎秀実等が参加した。大政翼賛会成立後、一九四〇年解散。

孫崎　外務省でアメリカと戦争しないようにと動いていたのが、アメリカ局長の寺崎太郎*、後に次官になった人です。このとき、寺崎太郎は完全に外務省の中で孤立していました。対米戦争回避のために動いている自分は、戦争をしたい勢力に力ずくでやられる危険性を感じていて、護身用にピストルを持っていたそうです。

　彼が外務省の中で孤立していたことが、まず問題です。彼の見解はその当時の少数意見ですが、国際情勢を冷静に見ている人を支えるような配慮は、外務省は基本的にしていません。みんなが主流に乗っていきます。ゲリラ戦争が日本にはないように、言論の分野でもマイノリティで戦い続けるという文化が日本にはあまりないのです。

　いったん流れができると、正しいことを言っている人も孤立してしまう。たぶん、外務省だけではないと思います。分かっている人はいるけれど、枢軸派が正しいということになれば、全員がそちらのほうに流れていきました。違うことを言った人は、その社会においては袋叩きに遭うという、同じことがいまもそのまま続いています。

ゾルゲ事件と開戦

鈴木　一度流れができてしまうと、冷静にものを考える力が日本人は弱い

寺崎太郎
（てらさきたろう　一八九七～一九八八）　外交官。外務次官を歴任。開戦当時はアメリカ局長。実弟でアメリカ大使館勤務の外交官、寺崎英成とともに対米和平を模索した。

のでしょうか？

孫崎　弱いのではなく、違う意見の人は排斥するのです。

近衛文麿の政策ブレーンとしてつくられた昭和研究会のメンバーが表舞台に出てきていたら、戦前の歴史にも面白い展開があったでしょう。主宰した後藤隆之助*をはじめ、視野の広い政治家、海外体験もあるいきのいい知識人たちがたくさん集まっていました。

尾崎秀実*がそのメンバーになっていたことから、昭和研究会のメンバーはゾルゲ事件*で黙らされました。もし対米英開戦に反対を続けるようなら、あんたたちはみんなアカだ、と脅かされて動けなくなったのです。

鈴木　ゾルゲ事件も謀略だったのですか？

孫崎　私はゾルゲ事件にも疑問を持っています。変な言い方ですが、スパイは国のために働いているという誇りをもって仕事をしています。だから、一番大事なことは言いません。資料などから私が感じているのは、ゾルゲは途中からソ連のスパイではなくなっていただろう、ということです。彼はソ連に帰ったら殺されると考えていたでしょう。というのも、ゾルゲの上司などがみんな殺されています。ある時点で、彼はソ連のスパイをやめるというか、ソ連に対する情熱はなくなっていたと思います。

事実関係から言うと一九四一年五月頃、ゾルゲはユーゴの人間を使っ

後藤隆之助
（ごとうりゅうのすけ　一八八八〜一九八四）　政治運動家。一高、京都帝国大学で近衛文麿と同級生。昭和研究会を主宰し、近衛を側面からサポートした。大政翼賛会に参加。

尾崎秀実
（おざきほつみ　一九〇一〜四四）新聞記者・評論家。朝日新聞記者時代、中国分析が評価され三八年、満鉄嘱託に。四一年、ゾルゲ事件で逮捕、四四年、死刑執行。著書に『愛情はふる星の如く』等。

ゾルゲ事件
一九四一年に発覚したスパイ事件。ドイツの新聞社特派員として来日し、駐日ドイツ大使館情報官に就任したリヒャルト・ゾルゲ（一八九五〜一九四四）がソ連のスパイであったことが発覚。協力者として尾崎秀実ら三五人が検挙される。四四年、ゾルゲと尾崎秀実処刑。

て、アメリカの新聞にドイツはソ連を侵攻するという情報を流していま
す。アメリカの新聞に流すということは、アメリカに情報を提供してい
るということです。その少し前、一九四一年の初めに、ドイツとソ連の
戦争が始まると予想されていたことから、アメリカ共産党はアメリカの
軍部と一緒になって、戦争に向かう態勢になっていました。ゾルゲがア
メリカ共産党と結びついているとわかって、日本の官憲はゾルゲ逮捕に
動いたのです。ゾルゲ逮捕の発端となった情報は、アメリカ共産党から
日本に流されたと考えられます。

そして昭和研究会の一員であり、近衛内閣のブレーンの一人だった尾崎秀実などが、スパイとして捕縛されました。これが昭和研究会が駄目になる、活動できなくなる理由になったのです。尾崎と一緒にいる人間ということで、みんなスパイだとみなすと脅された、そういうことだったと思います。

鈴木　ゾルゲはソ連のスパイだから逮捕されたのではなくて、アメリカと日本が戦争するために使われたということですか？

孫崎　彼がスパイだと暴露されることで、アメリカに使われたのであって、彼自身がアメリカに使われていたわけではありません。ゾルゲ事件の一番のポイントは、日本が参戦に向かうきっかけになったのではないかと

いうことです。

鈴木　ゾルゲは日本がソ連と戦争しないように画策して、それは成功したのではないですか？　だからソ連の愛国者だったのだと言えるのではないかと思いますが。

孫崎　途中から彼の目的は、アメリカ共産党の利益が優先されたのだろうと、私は考えています。ソ連との連携で動くのではなく、アメリカ共産党と連携して動くようになっていました。そのアメリカ共産党は、日本と戦うことを準備するアメリカの軍部とともに動いていた。そちらに重点を移して、ゾルゲは活動を始めたということになります。それが結果的に、ソ連にとってプラスになったということでしょう。

鈴木　昭和研究会が発言力を持って残っていれば、戦争はしなかっただろうということでしたね。昭和研究会を潰すために、尾崎、ゾルゲ事件でつけこんだと。

孫崎　そう考えています。

鈴木　右翼の赤尾敏*さんという人は、戦後は日章旗と星条旗を掲げて、街頭演説をしていました。僕らは、赤尾さんにいろいろなことで叱られても、仕方ないと思っていました。あの人は筋を通していました、もともと親米だったのです。戦前、国会議員として戦争反対の演説をして、処

赤尾敏（あかおびん　一八九九〜一九九〇）　政治家・政治活動家。若い頃、「新しき村」運動や社会主義活動に参加。二六年、建国会設立、反共・反ソを訴える。四二年、衆議院議員に当選。戦時中も反ソの立場から日米戦争を批判。戦後、大日本愛国党設立。終生、愛国運動を継続した。

分されました。
　右派勢力では赤尾敏さんのほか、中野正剛*の東方会がありましたが、東條英機に叛旗を翻して、潰されました。
　右翼の人たちは、戦争中は「鬼畜米英」でしたが、戦後、共産主義のほうがもっと怖いということで親米に変わりました。アメリカは少なくとも天皇制を残してくれた、そういうところがあります。でも赤尾敏さんはアメリカと戦争をすべきではないと、かなり冷徹な目を持っていました。その頃、ほかにそういう人はいなかったのかと思います。

孫崎　昭和研究会のメンバーは、たぶん、戦争はばかばかしいと思っていた人たちです。非常に力のある人たちが、なぜ沈黙したのか？　この人たちが一番怖いのは、「あなたたちはアカだ」と言われることです。進歩的とか、単に左翼ということではなく、ゾルゲ事件はスパイとして断罪されたのですから、アメリカとの戦争をやめろと言うことは、スパイだということになってしまいます。それは政治家として、非常に怖かっただろうと思います。ソ連のスパイと言われたら、政治的には完全に終わりですから。

中野正剛
（なかのせいごう　一八八六〜一九四三）　ジャーナリスト・政治家。朝日新聞記者を経て政治家に転身、国家主義政党の東方会（のち東方同志会に改称）を結成。衆議院議員になるも、東條英機の翼賛体制に反発、政府批判を継続した。東條内閣倒閣活動をしたと目されている。嫌疑不十分なまま警察に逮捕され、釈放後も憲兵の監視がつく。自宅にて割腹自殺。

ドイツに偏っていた外交

鈴木　外務省には開戦回避派だった人たち、寺崎太郎や重光葵、東郷茂徳*など、優秀が外交官がいたように思いますが、その人たちにも力がなかったのですか？

孫崎　回避派は絶対少数でした。その頃は枢軸派が圧倒的で、少数派は黙らされてしまいました。なぜ枢軸派が力を持ったかというと、ドイツが勝つと考えていたからです。「勝ち馬に乗れ」という選択です。一九三〇年代には、アメリカが参戦するとは、まだ思っていなかったのです。

当時の日本、外務省にはドイツとのパイプは相当あったけれども、アメリカとのパイプはほとんどありませんでした。ドイツに行っている人たちは、ドイツは必ず勝つと言われて、それを額面どおりに受け取ったのです。逆に言うと、誰もスターリンのソ連が頑張りきれるとは言っていなかったと思います。

そこでは、まだアメリカは視野に入っていません。この視点から、日本は誤った流れに向かったのです。

米英に対する戦争に入る決断を下すまで、あと半年ちょっと回避派の政治家が持ちこたえていたら、日本は戦争に行かなかった可能性が高い

東郷茂徳（とうごうしげのり　一八八二〜一九五〇）　外交官・政治家。駐独・駐ソ大使を経て、外相・大東亜相・拓務相を歴任。国際協調派であったが開戦回避策に努めるも開戦時内閣の外相となった。戦後、A級戦犯として服役中に病没。

と思います。いくらなんでも、スターリングラードで大苦戦を強いられ、負けたドイツが完勝するわけはないと分かったでしょうから。

鈴木　当時の外務省には、アメリカが重要だという認識はなかったのですか？

孫崎　なかったのだろうと思います。ドイツとは明治以来ずっとパイプを持っていましたから、第二次世界大戦ではドイツが勝つという情報がどんどん入ってきます。たぶん太平洋戦争の開戦までは、ドイツが負ける可能性を示す情報はほとんどなかったでしょう。

ドイツがなぜ負けたのかといえば、キーはアメリカです。アメリカは徹底的にソ連の軍備を支援しました。ソ連だけだったら潰れていたと思います。軍備で後ろからアメリカが支えていたのです。そういう意味で、非常に重要な要素になっているアメリカ・ファクターを読めなかったことが、日本の判断を誤らせたと思います。

鈴木　ドイツは日本に対する宣伝がうまかったですね。例えばヒトラー・ユーゲント*が日本に来て、靖国神社にお参りしたりする。彼らは日本精神を分かってくれると、みんな思います。背が高くてかっこいい若者ばかりで、女の子たちも憧れます。そういう意味でドイツはやり方がうまかったなあと思います。アメリカはそういう、日本に対する友好国とい

ヒトラー・ユーゲント
ナチス・ドイツの青少年団。一九二六年に設立。三六年、他の諸組織を吸収合併、加入義務化。四四年に国民突撃隊に吸収され消滅。戦時中は一部が戦闘員として実戦投入された。三六年に来日、各地で熱烈歓迎を受ける。

うアピールはしないし、アメリカは個人主義の国、堕落していると思い込んでいたということですね。

アメリカは日本と戦争をしないための努力をしたのですか？　それとも、そういうことは考えないで、日本を戦争に誘い込もうとしたのでしょうか？

孫崎　私は一九四一年二月くらいから、日本を戦争に引っ張り込むほうに回ったと思っています。

鈴木　それはどういう時期だったのですか？

孫崎　日米交渉が始まったときです。ほとんどの人は意外に思われるかも知れませんが、交渉というのは、戦争を止めるためだけでなく、戦争を始める口実にも利用されます。「交渉が決裂した」と言えます。われわれはこんなに努力をしたのに、相手がのってこなかった。決裂を狙うこともあるのです。交渉は、まとめるためにやる場合だけではありません。

鈴木　それが外交というものなのですね。

孫崎　一九四一年二月に交渉を始めたということは、ここからアメリカは戦争に入る準備を始めたことを意味します。ドイツがポーランドに侵攻したのは一九三九年九月で、ヨーロッパ戦線は戦争に入っていました。一九四一年に入った頃には、イギリスはドイツに押し込まれて、あえいでいるわけです。そのとき、イギリスの戦略は二つあって、一つはドイツがソ連を攻めて、アメリカが参戦する方向にもっていくものでした。もう一つが、日本がアメリカを攻めて、アメリカが参戦するという筋書きです。この二つがイギリスを救う道でした。先ほども言いましたように、この戦略にのっとって、チャーチルは動いたのです。

どこで引き返せなくなったのか?

鈴木　日本はどこで引き返せなくなったのでしょうか?

孫崎　日独伊三国同盟を締結していなければ、チャーチルに戦争へ誘導されることもなかったでしょう。ここで取り返しのつかない間違いをやったのが、外務大臣の松岡洋右*です。

松岡は自分はアメリカ人を知っていると言ったけれど、彼が知っているのは労働者階級で、上層部のアメリカ人を知りませんでした。ルーズベルトをはじめとするトップにいる人間が、どのような知的水準で、何を考えているのかを分かっていなかったのです。だから彼は三国同盟という有利なカードを取ることによって、アメリカと交渉できると思ってしまったのでしょう。三国同盟を使う、切り札を持つことによって、アメリカとの関係をなんとかしようと思っていたようですから、必ずしも

松岡洋右
（まつおかようすけ　一八八〇～一九四六）外交官、政治家。外相・拓務相を歴任。少年の頃に家庭の事情で渡米、過酷な労働を経験。外務省時代は駐中華民国総領事を経験、退官後は満鉄理事を経て、衆議院議員。一九三三年、首席全権としてジュネーヴの国際連盟に派遣され、国連脱退演説をおこなう。その一方でスターリンとも面談、日ソ中立条約を締結。日独伊三国同盟締結。敗戦後はA級戦犯に指名されるも公判中に病没。

アメリカとの対峙だけを考えていたのではないと思います。しかし、アメリカというものを、決定的に見誤っていました。

日本は、アメリカが二十世紀に入って大きな力を持ってきたことを、きちんと評価できていませんでした。アメリカは一九一〇年代に独英の工業力を抜いて、経済的にはナンバー1の力をつけていたのです。ところが、日本の外交は基本的に欧州に向いたままでした。大きな歴史的情勢がアメリカのほうに移行しているにもかかわらず、アメリカに対する関心が低かったと思います。欧州を中心にして世界を見て、その中で一番力の強いドイツが非常に大きく見えたということです。強いものと連携することに、日本の生きる道があるという考えから、ドイツと繋がる選択をしました。

ところが一九四〇年に日独伊三国同盟を結んだとたんに、アメリカは完全に日本を敵だとみなしました。すでにイギリスとアメリカ対ドイツという構図があって、そこで日本はドイツのほうに踏み切ったことによって、外交的に戦争路線から戻れない状況になったのだと思います。

そういう意味で、松岡洋右が外務大臣になったのは非常に不幸なことでした。どうして松岡がなったのか知りませんが、松岡はアメリカの中枢部とは付き合っていません。彼自身の米国観が少し歪んでいたのではないかと思います。ポーカーのように、強く出れば相手はひるむといった感覚で、アメリカを見ていたように感じます。いわゆるエスタブリッシュメント、アメリカの中枢を担っている人たちに、日本はまったく接近していなかったと思います。アメリカを十分に知らなかったことが、一番大きな失敗の原因だったのではないでしょうか。

鈴木　エスタブリッシュメントに接触した外交官はいなかったのですか？

孫崎　たぶん、うまく接触できていなかったのでしょう。

戦略という視点の欠如

孫崎　軍の中枢の人たちも、関東軍的な人たちが出てくるまでは、かなり穏健です。例えば、一九三九（昭和十四）年に首相になった阿部信行*は、陸軍次官も務めた軍人ですが、第二次世界大戦に参戦したら駄目だと思っていた人です。阿部内閣総辞職を受けて一九四〇（昭和十五）年に首相になった米内光政*は、海軍の軍人で三国同盟に反対したくらいで、過激ではありません。そういう人たちが第二次世界大戦の直前までいたのだから、中枢部はそれほどめちゃくちゃなことを考えていたわけではないかも知れないのです。

しかし、関東軍的な人たち、神懸かり的な人たちが独走を始めて、周

阿部信行
（あべのぶゆき　一八七五～一九五三）軍人、政治家。第三六代内閣総理大臣（在任一九三九～四〇）。外相・朝鮮総督等を歴任。ドイツへの接近、対米開戦の気運に懸念を表明するも政治潮流を変えることはできなかった。陸軍大将経験者でありながら、陸軍からの圧力を抑えることができなかった。

米内光政
（よないみつまさ　一八八〇～一九四八）軍人、政治家。第三七代内閣総理大臣（在任一九四〇）。海相を歴任。連合艦隊司令長官。日中戦争、日独伊三国同盟に批判的。六回海相を務めた。東久邇・幣原内閣の海相時には終戦処理に尽力。

りが止められないくらいの力を持つようになりました。客観的に物事を判断するよりは、精神的に勝てる、頑張れば必ず成果があるという感じの人たちだったのではないでしょうか。例えば辻政信は参謀として関わったノモンハン事件で、日本とソ連の力関係がどうなっているか、そういうものを客観的に見ていたとは思えません。ソ連軍がどれくらい力があるのか、戦車や兵力を客観的に見て、戦ったらどうなるのかは考えていなかったでしょう。でも、冷静かつ戦略的な思考をしない人たちが影響力を持つようになっていました。それはいまも同じです。

鈴木　軍部だけでなく、国民の戦争に向かう空気もあったでしょう。日本は戦争に負けた後、ルーズベルトの陰謀にやられたみたいなことを言いました。

孫崎　戦略があったことは間違いないと思います。

鈴木　そういうのを見ると、なんか日本はアホだったのではないか、後で負けた言い訳しているみたいで、見苦しいなと思ってしまいます。

孫崎　見苦しいというわけではないと思いますが……。

鈴木　暗号も全部解読されていたという、そういう状態で戦争するのはアホじゃないですか。それで、後で謀略だったと言われても、納得できません。相手の力や、そのときの情勢を分かっていないでやるほうが、国家としてだらしがないということになりませんか？

孫崎　確かに残念ながら国家として、だらしないんです。重要なのは、基本的にアメリカというのはそういう謀略をする国だから、謀略などないという考えでいると、日本はまたそれに引っかかっていくということです。

　戦争にも、外交にも、つねに謀略があります。アメリカを出すまでもなく、孫子の兵法の一番は、敵の謀略を破ることだと言っています。国家と国家の対立は、基本的に謀略的なものが一番の中枢を成すという認識が日本人にはありません。そこを見抜かないと、孫子的にどう謀略に対抗するかという力がつかないのです。だから、あれは謀略だと一所懸命言うようなことになるのです。

鈴木　謀略をするだけの力がなければ、戦争をする資格がないということですね。

孫崎　そうです。

鈴木　日本は戦争をする資格がなかった。国家としての体を成していなかったのではないでしょうか？　それで謀略でだまされたと言い訳したのでしょう。

　学生時代に、ルーズベルトは無理やり、戦争をする気がない日本を引きずり込んだという説を聞きました。だから日本が攻撃したときに真珠湾には重要な戦艦は置いていなかったとか、無線を全部、傍受していたのに、分からないようにしていたとか言います。でも真珠湾攻撃でアメリカ側は約二千三百人くらい死んでいます。それだけの人を見殺しにしたのでしょうか？

アメリカの謀略

孫崎　それくらいのことは、アメリカはするのです。

アメリカの謀略で重要なものにノーフォーク事件というのがあります。アメリカの隣に、社会主義のキューバという国ができた。アメリカの軍部は潰さなければいけないと思ったが、いきなり軍事力で出て行ったら、国内世論に叩かれるので大変なマイナスです。ここで謀略があったという記録、参謀総長まであがった文献が出てきています。

どういうことかと言いますと、まずアメリカの客船を、ミグの形に改造した米軍機が攻撃するのです。定期便が交差する時間帯、空域を選んで攻撃すれば、定期便に乗っている人が誰か見ていて、攻撃した飛行機はミグの形をしていたと証言が得られます。ミグならば、すなわちキューバということになります。攻撃される客船には、夏休みの学生を乗せておいたのです。
　この資料はケネディ暗殺*と関係して、アメリカの公文書館から出てきました。ケネディ暗殺関連の情報は、どんどん開示されています。その中に、この作戦の決裁書類が入っていました。国家のためなら、一般民間人を殺すのは平気なのです。

鈴木　日本の真珠湾攻撃を知っていて、わざと避難させなかったというようなことがあったのですか？　そうした情報が開示されているのでしょうか？

孫崎　真珠湾攻撃について、そういう機密文書は基本的に出てきません。ノーフォーク事件はケネディの暗殺に関連して出てきましたが、真珠湾攻撃を知っていてやらせたというような文書は全部、焼却しているから出てくるわけがない。

鈴木　三〇年でしたか、一定の期間を経たら、全部、開示するのではないのですか？

孫崎　重要なものは黒塗りです。すべてを白で出すというわけではありません。どの国でも、非常に重要なものは書類を残さない、口頭です。文書になるとeye only、目で見るだけという制限がつくとか、全部がオープンというわけではありません。基本的に重要になればなるほど、口

ケネディ暗殺
一九六三年十一月二十二日、テキサス州ダラスにてパレード中のジョン・F・ケネディ大統領が狙撃され死亡した事件。冷戦下の米現職大統領の暗殺は世界的な注目を浴び、その背後関係も含め現在もさまざまな陰謀説が唱えられている。

頭でやりとりしますから、文献はありません。

鈴木　チャーチルはドイツがイギリスを空襲するのを知っていて、住民を避難させたら無線を傍受しているのがドイツに分かってしまうから、わざと避難させなかったと、本で読んだことがあります。それにこれはちょっと噴飯ものの話ですが、東日本大震災もアメリカが地震兵器でやったんだという説もある。

孫崎　謀略説の問題は、変なものを混ぜることです。実際に謀略があるから、それを解明されないために、東日本大震災に関連したような変な謀略説を流すのです。陰謀論的なものを言うときには、エビデンス（証拠・根拠）で語ることが重要です。自分の頭で想像したストーリーは、単なる妄想でしかありません。私が真珠湾攻撃について言っていることは、いくつかの歴史的事実、ドキュメントがあり、それに従って推定できることです。

陰謀論について、筑波大学名誉教授の進藤栄一先生は、日本とアメリカの安全保障といったもののメンタリティを見るには、国技を見たらいいと言っています。

日本の国技である相撲は、「私は一切何も持っていません」と、まわし一つで向き合います。横綱になったら正々堂々、前に出る、横に飛んだりしたら横綱相撲ではないと批判されます。一方、アメリカの国技のアメリカンフットボールはプレーの一つずつに作戦があり、ゲームは謀略です。相撲では横綱と大関の対戦に謀略はあり得ません。前から正々堂々行くというのが基本なのだから、今度の相撲は横綱と大関の間に謀略があって勝負がついたなんてことは、あってはならないのです。ところがアメリカンフットボールの場合は、すべてが謀略で組み立てられています。

鈴木　9・11[*]についても謀略説がありますが、アルカイダに攻撃する意思がなかったのに、アメリカが勝手につくったんだという意味の謀略ではなくて、実際にアルカイダが準備していたのを察知して、途中から利用したということはないですか？

孫崎　真珠湾攻撃も、日本はアメリカに動かされてやったとは思っていなくて、自分が正しいと思っているけれど、その方向に動かすようにアメリカが誘導していたということです。

鈴木　動かすように誘導したということは、日本が来ることが分かっていて、それを途中からうまく利用したということですか？

孫崎　仮に一九四一年八月に石油の全面禁輸をやらなければ、日本は戦争にいかなかったと思います。

9・11
二〇〇一年九月十一日に発生したアメリカ国内での同時多発テロ事件。旅客機がハイジャックされ、ニューヨークの国際貿易センター、米国防省（ペンタゴン）に突入、多数の犠牲者を出す。その後のアメリカの中東への軍事行動の原因となる。

鈴木　ということは、わざと隙をみせて誘い込んだということですね。そうせざるを得ないように、導いたということですか？

孫崎　そうです。そうすれば自然に、誘導したい方向に流れていきます。

真珠湾攻撃を奇襲としたアメリカの真意

鈴木　第二次近衛内閣が来栖三郎*を特命全権大使としてアメリカに送り込んだのは、戦争回避のためではなかったのですか？

孫崎　三国同盟締結時の駐独大使だった来栖を送って、交渉を整えるということから考えて、戦争を回避するためではなかったと思います。

鈴木　第二次世界大戦の時代には、戦争そのものは悪とは考えられていなかったのだと思います。

孫崎　悪とは考えられていませんでした。いまでも「大義」があれば、悪ではないでしょう。

鈴木　だから、お互いに宣戦布告して堂々とやろうというのが、ルールだったのではないですか？　それが、日本は直前に宣戦布告する手続きが間に合わなくてみたいなことで、奇襲という卑怯な手をつかった、そうさせるのがアメリカの謀略だったのでしょうか？

孫崎　そうではありません。ナチがソ連を攻撃したときも宣戦布告してい

*来栖三郎（くるすさぶろう　一八八六～一九五四）　外交官。一九四〇年、駐独大使として日独伊三国同盟に調印。四一年、特命全権大使としてアメリカに赴任。野村吉三郎とともに二人大使体制で日米開戦まで交渉に当たった。

ませんし、宣戦布告をするのは、その当時の通例ではなかったのです。

鈴木　そうなのですか？　でも、戦争は認めるけれど、あまりに卑劣残酷なことをやるのはやめようという国際的な決まりごとがあって、それに反したのが戦争犯罪ですよね。

孫崎　戦争犯罪は非人道的なこと、戦争においてある種のルールを国際的に共有し、その範囲内で戦争をやりましょうとしたうえで、それを超えた行為をさします。戦争犯罪があったときに戦争責任を問うというのが基本的な考え方です。日本の昭和の戦争は、戦争を起こしたことだけでは戦争犯罪にはなりません。戦争行為と認められない残虐行為をしたことが、戦争犯罪として追及されたのです。

鈴木　でも、パールハーバーは卑劣な奇襲だったと言われてきました。

孫崎　それはアメリカの宣伝です。日本の戦争のやり方を批判したのではなく、アメリカ国内に向けて、日本は奇襲攻撃をしてきた卑怯な奴らだと言うことによって、アメリカ国民の意識を対日戦争に向かって燃えさせたのです。

この手口は、南北戦争を研究したチャーチルが、リンカーン*が南北戦争を始めるときに用いたとしている手口と同じです。

南北戦争には、独立しようとする南軍を止めなければいけないリンカ

リンカーン
（エイブラハム・リンカーン　一八〇九～六五）政治家。アメリカ大統領（在任一八六一～六五）。南北戦争で北軍を勝利に導く。奴隷解放令やゲティスバーグ演説で有名。南北戦争終結後、暗殺される。

ーンの謀略的な面がある、とチャーチルは見ています。リンカーンのほうから、手を出していない南軍に戦争をしかけたら、これは悪になります。

このとき、北軍の要塞がサウスカロライナ州チャールストンの港にありました。南軍と戦争になって、この港と要塞を押さえられたらとても困ると分かっていながら、リンカーンはわざわざこのサムター要塞に食糧と弾薬を送り込んだのです。戦争になると判断した南軍がサムター要塞を攻撃したことから、南北戦争が始まりました。南軍の攻撃によって、疾風のようなナショナリズムが北側に起こり、戦争に行こう、という流れになったとチャーチルは言っています。

鈴木 奴隷解放というのは建前だったのですか？ 僕らは学校で、リンカーンは偉大な人だと教えられています。南部で奴隷を使って非人間的なことをやっていた、その奴隷を解放するために戦ったのだから、南軍はすべて悪で、北軍は正しいと思いました。独立しようとする南部の人たちを無理やり止めるために、謀略をもって戦争をしかけたということですか？

孫崎 最も重要なことは、南軍が自分たちのアメリカから離脱するのを止めることでした。そのためには戦争をしなければいけないという認識が、北部にはありました。アメリカはかなり割り切っていて、結果的にアメリカという国の統一が崩れない戦争をやったのだから、その過程において少々おかしいことをやったっていいのです。

日本は真珠湾攻撃と同じ日に、インド洋でイギリス海軍の艦船も攻撃していますが、こちらも宣戦布告はしていません。これに対して、イギリスは奇襲攻撃だとも言わないし、文句を言っていません。当時の常識はおそらく、宣戦布告が戦争を始めるための絶対条件ではなかったのです。しかしアメリカはそれを奇襲攻撃だと言って、戦意を鼓舞するために国内向けに使ったのです。南北戦争のときと同じように、国民を煽動しなければならないから、日本は卑怯だということを口実にしたのです。

鈴木　リンカーンが謀略をもって戦争をしかけていなければ、アメリカは二つになっていたのでしょうか？

孫崎　二つになっていたでしょうね。

鈴木　二つになっていたほうが、良かったのではないですか？（笑い）

孫崎　非常に強い権力ができると、その権力は腐敗に向かいますから、アメリカが南北二つになっていたほうが、世界にとってはプラスだったでしょう。

宣戦布告はなぜ遅れたのか？

鈴木　アメリカと戦争するときに、南北戦争について、あるいはアメリカという国の歴史や考え方といったことを、日本で研究している人はいなかったのでしょうか？

孫崎　学界にいたかどうかは別にして、陸軍の参謀にはまったくそういう認識はなかったでしょう、アメリカの戦略でさえ勉強していなかったのですから。

鈴木　アメリカと戦争するかも知れないということが念頭にあるならば……。

孫崎　いや、陸軍には、ほとんどアメリカと戦争するという意識はなかったでしょう。陸軍が考えていたのはソ連と戦争することで、それは懸命に考えていたけれど、アメリカと戦争するところまでは考えていなかったと思います。南進*した一番の責任は海軍にあります。陸軍的な人はアメリカと戦争するなんてことは、あまり考えていなかったでしょう。

鈴木　開戦の布告が遅れたのは、どういうことですか？

孫崎　第一に、通報は必要ないということです。それだけで日本が非道なことをしたと糾弾されなければならない問題ではありません。

鈴木　でも、必死になって、こういう理由だから遅れたと言っています。

南進
中国南部や東南アジア諸地域と海洋などに日本の海外進出・発展を求める思想。第二次大戦時には石油等の資源確保を目的として、主に海軍が望んでいた。

孫崎　それは日本国内の世論を動かすためです。アメリカは奇襲だと喧伝して、それを利用して戦争に向かいました。そのアメリカの言い分に反論をしようと、日本は必死になったわけです。

鈴木　では反論しなくてよかったのですね？

孫崎　世論対策をしようと思ったら、何かする必要があったのかもしれません。

事実関係から言うと、真珠湾攻撃があったときに外務省北米担当の課長で外相秘書官だった加瀬俊一《としかず》*が、通告の遅れの責任を問われました。外務大臣の東郷茂徳が、在米大使館の職員は処分しなければいけないと言ったとき、加瀬は「いろいろなことがありまして」と処分しませんでした。加瀬という人はとても優秀な人でした。

当時は、通告はそんなに重要なことではなかったし、結局、不意打ちしなければ勝てなかったのです。

鈴木　通告の遅れはただの失敗ではなかったということですか？　人がいなくて、必死になってタイプを打ったとか、誰かの送別会があったとか言われています。

孫崎　あれは非常に不可思議な事件ですが、当時の一等書記官、奥村勝蔵*さんが終戦後に次官になっています。大失敗をして、本来ならば左遷さ

加瀬俊一
（かせとしかず　一九〇三〜二〇〇四）外交官。一九三三年、ジュネーヴでの国際連盟脱退時には松岡洋右全権大使に随行、四一年にも松岡外相に随行しモスクワでの日ソ中立条約調印に立ち会う。日米開戦時は国内で北米担当。敗戦時にはミズーリ号船上にて日本降伏文書に調印する重光葵に随行。

奥村勝蔵
（おくむらかつぞう　一九〇三〜七五）外交官。日米開戦時は在ワシントン日本大使館の一等書記官。真珠湾攻撃の際、奥村が不慣れな英文タイプにてこずり対米交渉打ち切りの米政府への文書通達が遅れたという説がある。その後、スイス大使、事務次官を歴任。

れるだろう人が、次官に出世しているのです。あのとき、軍事的に言ったら、通告は遅らせられるだけ遅らせろという動きがあったのではないかとも考えられます。

もう一つ、どうにも分からないのは、口実に使われたのが寺崎英成*の送別会だったことです。この人は開戦回避のため孤軍奮闘していたアメリカ局長・寺崎太郎の弟で、交渉がいかに重要かを一番よく知っている人間です。彼は戦争に突入するときに、どういう文書が本国から来るのか分かっているから、外務省の常識からいって、タイプを打つのに協力しないというのは理解できません。手分けして、必ずやるはずだと思います。実務的にあり得ないのです。

鈴木　そんな気がします。そんなときに送別会なんかやっている余裕があるのかなと思っていました。

孫崎　戦争になることを寺崎英成は知っているし、いつ宣戦布告が来るのか分かっていたはずです。そのときに送別会をやったというのが、どうにも分かりません。

ミッドウェー海戦

鈴木　ミッドウェー海戦も、日本は客観的な情勢分析をしたうえでやった

*寺崎英成（てらさきひでなり　一九〇〇〜五一）外交官。戦前、在ワシントン日本大使館の一等書記官として兄・寺崎太郎の開戦回避工作に協力。戦後は宮内庁御用係として天皇とマッカーサーの通訳担当官。柳田邦男著『マリコ』のモデルとして知られる。

わけではないでしょう。

孫崎　ミッドウェー海戦であれほどダメージを受けなければ、日本の情勢はもう少しよかったでしょう。ミッドウェー島のアメリカ軍飛行基地を攻撃して、向こうの空母もおびき出して叩き潰そうという作戦を立てたのは、連合艦隊司令長官の山本五十六です。全部、アメリカにしかけられた、というか山本五十六の判断ミスです。空母四隻をはじめとする日本の大艦隊は、アメリカ軍に迎え撃たれ、空母は全部やられ、大敗を喫しました。ここから、アメリカが戦争の主導権を握ったのです。それなのに山本五十六は、この敗北の責任を問われることもなかったし、いまに至るまで軍神みたいに扱われています。

鈴木　ミッドウェー海戦の翌年、戦死したときも国葬でしたね。ところで、ミッドウェー海戦もアメリカの陰謀ですか？

孫崎　陰謀ではなくて、アメリカの動き、力を読めない日本の力不足が問題でした。

鈴木　無線を傍受されていたと言いますが、本当ですか？

孫崎　それは間違いありません。

鈴木　ならば、おびき寄せた部分もあったのではないですか？

孫崎　おびき出されたのだとしても、アメリカを知っているという、山本五十六の生半可な知識が禍《わざわい》していたと思います。

引き返せない日本

鈴木　長野県の松代に行ったときに、敗戦間際につくられた大本営の跡を見ました。山に大きな穴を掘ってありました。それは、とても広大な地下施設になっているのです。ここに大本営を置いて、皇居も移す、ＮＨＫも移すという構想でした。敗戦の一年ほど前、いよいよ日本はアメリカに押し込められていた時期に、東京が壊滅的にやられたら、長野県の地下壕にこもって戦うことを考えていたということです。

そんなゲリラ戦みたいなことで戦える状況にはなかったのに、なんて馬鹿げたこと考えていたんだろうかと思いました。だいたい、ゲリラ戦みたいなことを国家でやろうというのが、おかしいですね。当時の日本の戦争指導部の頭の中を疑いました。戦争の当事者がいかにまともでなくなるかという見本として、松代大本営跡*は世界遺産にすべきですね。

孫崎　ゲリラ作戦はやるべきだと私は思いますが、日本にはゲリラ戦法というのがないのではありませんか。大本営をつくるという発想が、そもそもゲリラ戦法ではないですね、国の中枢が集まっている大本営をやられたら、それで終わりなのですから。

松代大本営跡
長野県への大本営移設準備跡。第二次大戦戦況悪化の中、一九四四年に大本営移転構想が始まる。本土決戦を予想し、大本営機能を東京から長野県の地下施設に移す計画で、かなり掘り進められたが敗戦により中断。現在、地下壕跡の一部が公開されている。

鈴木　分散していなければ意味がないですね。

孫崎　もし生き残れるのならばゲリラ戦しかなかったでしょうけれど、ゲリラ戦というのは、基本的に中心部を置かないということです。大本営をつくって、皇居まで移すというのが、そもそもゲリラ戦の考え方と違います。

鈴木　籠城戦をするつもりだったのかも知れませんが、松代大本営ができたとしても、天皇が穴にかくれているのに、国民に立ち上がれと言ったって、無理ですよ。だから、何を考えていたのかと思うのです。

特攻をやるときにも、本土決戦と言っても、なんか政府も軍部もやり方が雑ですね。本で読んだことですが、ある将軍が、戦争はいったん始めたらやめられない、小便だって途中でやめられないだろうと言ったというのです。そんなふうに戦争を考えていたのか、一億の命を預かる人間がそれでいいのかと、愕然としました。そんなことを、記録されるような会議で言ってるのです。お粗末な軍人たちだったのだと思います。トップにいたのは学校を出て、優秀な人たちでしょうに、そういう人たちがこんなものだったのかと、あきれました。

孫崎　間違っているかも知れませんが、防衛大学校みたいなところで、どういう人間が重用されるかというと、やはり組織の一員として働く人間なのです。寮生活では、寮長が一番偉くなります。どういう人間が寮長になるかと言うと、運動ができたりする人で、ひ弱な戦略家ではありません。そうした傾向がずっと続いているのではないですか？

鈴木　『終わらないオウム』という本で上祐史浩*さんは、大日本帝国が破滅に向かったのと、自分たちオウムが破滅に向かったのは似ていると言っています。オウム真理教は、ある意味で、日本を縮小したものだと言うのです。

　大日本帝国は非常に小さい国だったのに、日清、日露戦争に勝ったことで自分たちには神がついているみたいに思って、何があっても神風が吹くということになった。それが驕りになったし、またいろいろなかたちで視野が狭くなったのですが、オウムも同じだったというのです。最初はさまざまなマスコミからちやほやされて、土地収用とか困難なことができました。さらに坂本弁護士一家殺害事件*だって、追及を逃れてうまく乗り切ったと思ってしまった。そういうことから、自分たちには神がついていると思うようになり、さらに暴走したのだと言います。

　そのような流れになるのは、日本的な悪いクセみたいなもの、日本の歴史にはそうした例がいくつもあるのではないかという気もします。

孫崎　中国の権益に手を出したときから、日本は欧米諸国との対決から引

上祐史浩
（じょうゆうふみひろ　一九六二〜）宗教家。オウム真理教信徒となり、九五年の地下鉄サリン事件の際の広報担当として有名に。のち偽証罪で逮捕、懲役刑を受け服役。出所後、オウム真理教、オウム真理教改名の「アレフ」代表を経て、現在「ひかりの輪」代表。

坂本弁護士一家殺害事件
一九八九年、オウム真理教を抜けた元信者の援護活動をし、訴訟の準備を進めていた坂本堤弁護士とその家族が殺害された事件。後にオウム真理教の犯行であることが判明。

き返せなくなりました。軍事力だけでなく、満州投資を企業がやっていたからです。満州から引き揚げるということは、日本の企業の倒産を意味しました。日本の経済界が総力で止める、引けなくなったという面があったのだろうと思います。

原発をめぐる発言で、小泉純一郎さんは戦前の日本を引き合いに出しています。なぜあのときに引けなかったのか、引くという論理があっても引けなかったのと同じことが、いま原発をめぐって起きていると、小泉さんは言っています。

主要銀行一四行で一一・二兆円、電力会社に貸しているでしょう。原発を廃止したら、潰れるのは電力会社だけだと思っていたのが、実は銀行も潰れるということになって、引くに引けないというのが実態でしょう。事故が起こったときに、銀行は電力会社への貸し付けを増やしています。経済界がこぞって原発の維持をいうのは、戦前に満州から引けなくなったときと通じる構図があるように思います。

鈴木　いま僕たちは日本がなぜ無謀な戦争をしたのか、きちんと見直さなければいけませんね。世界中でグローバル経済という名のもとに、経済格差が広がっていることから、これまでとは違った、対立がきな臭いものになっているように思います。日本国内も同じではないですか。

強いものについていって、なにかいいことがあると思わされて、イケイケの情緒に流れると、大変危険だと思います。

第四章

戦前史から何を学ぶべきか

昭和恐慌／日中戦争

情報と外交

鈴木　日本はアメリカとの戦争で叩きのめされました。そもそも勝てる戦争ではなかったんですよね。では、真珠湾攻撃するまでに、軍隊や外交官に国際情勢、アメリカについて冷徹な見方をする人はいなかったのかという疑問が、どうしても出てきます。

孫崎　陣容から見ると、当時の在米大使館で、アメリカとの戦争は日本の自滅になることを見極め、日本に強く述べることのできる人材がいませんでした。

鈴木　大使館が機能しないなんて、それでは、戦争する資格はない。

孫崎　そうです。外交チャンネルがなければ戦争の当事者能力はないということです。では本来なら戦争前にわれわれがどのような対米陣容を組まなければいけなかったかと考えると、カナダが良い見本となるでしょう。例えばカナダの場合は必ずアメリカ議会担当者がいます。アメリカは大統領だけの個人的意向のみで動く国ではなく、議会が重要です。だからアメリカ議会の動向に精通した外交官が必要となるのですが、戦前にアメリカ議会を専門に担当していた外交官が日本にいたかと言えば、驚くべきことにいません。その日のデスクワークを日本の出先機関としてやっている程度で、アメリカの中枢に入って、アメリカという国がどういう国かを研究するようなスタッフは、当時はいなかったと思います。

鈴木　それで戦争したのですか？

孫崎　準備不足どころではないです。実は日本はアメリカとの戦争をある時期までは前提としていなかった。少なくとも陸軍は対米戦の備えはしていなかった。孫子の兵法ではないけれど、相手を知らずして戦争するのは最も馬鹿げたことであると言われます。ここが重要なポイントです。

鈴木　それは当たり前のことですよね。

孫崎　そうです。しかし、それができない。いまでも日本は情報収集に力を入れている国ではない、戦前もそうでした。戦前の軍でも作戦参謀は非常に偉いけれど、情報参謀はすごく軽視されている。今日も同じです。防衛軍事部門の中で情報関係をしっかりやってきて大きく出世というのは、あまり知りません。情報軽視というのは日本の悪しき伝統ですね。

戦前の和平派の外交官、例えば佐分利貞男公使は、おそらく軍部に暗殺されたと私は推測しているのですが、そういうところから和平派は沈黙し始めた。単なるテロではない。一匹狼の右翼に刺されたとかいうのではなく、おそらく組織的な、軍部やその意向を受けた組織を背景にした動きです。国家が少数意見を排除し始めたときに、信念を貫き危険を顧みず本当に頑張れる人はあまりいません。

鈴木 日本国内においては、戦争に反対する人とかを見つけ出す憲兵など、そういう諜報機関のようなものはもの凄い発達しているけど、外国に対してはそんな綿密な諜報活動は全然ないですね。

孫崎 日本はいつもそうなんです。いまも客観的な情勢判断をすることをあまり重視していない。例えば、ＮＳＡ*（アメリカ国家安全保障局）に日本は盗聴されている。盗聴されているとドキュメントに書いてあると言われている。それについて小野寺五典防衛大臣は、二〇一三年十一月の記者会見でアメリカ政府はやっていると言っていないし、「信じたくありません」と発言しています。何と、これがあろうことか防衛大臣の発言です。一国の防衛大臣にあるまじきこの発言の甘さを誰も追及しない。むしろ、アメリカは日本の通信を盗聴していると声を上げる人間は、反米だと非難される。ドイツ、フランスのトップが批判し、世界がアメリカを批判している中、日本だけ、防衛大臣が「アメリカ政府が盗聴したと言ってないからそんなことをしたとは信じたくない」と言うのが通ってしまうのです。

鈴木 いっそ防衛大臣は、「日本はそんなにアメリカから重要視されていません」と言えばよかったのに（笑）。

ＮＳＡ
（National Security Agency アメリカ国家安全保障局） 一九四九年設立。アメリカの諜報機関。

いずれにしても、日本がいまだに過去の失敗から学んでいないというのは、ショックですね。しかし、そんな勉強不足のまま外交なんて担えるものでしょうか？　戦後、外務省に入った人たちは、世界の外交史みたいなものを勉強しているのではないですか？　イギリスやドイツの外交官の事例とか、あるいは中国の『三国志』*や、黒田官兵衛*などの伝記を読んで、「こういうときはこうするんだ」とか考える。そういう勉強はしないのですか？

孫崎　少なくとも私の知っている範囲では古典を勉強したり、歴史に学んだりというのはないようです。外交官になって大使館勤務になったとき自分が仕えた大使が何をどう考えて、どう行動するかを学ぶのが最初で、いろんな局面の中でどのような価値観で彼らが決断し行動しているかを見て勉強したことのほうが多いですね。

鈴木　外交官は『三国志』とか古典は読まないんですか？

孫崎　たぶん読んでないと思います。私は戦略論を研究して、孫子の兵法くらい奥深い戦略論はないと思いましたが、それは個人的な勉強でやったことで省としての研修はないですね。

鈴木　孫子とかの兵法は、外交官はみんな読むのですか？

孫崎　いや、それも読んでない。もちろん古典にも歴史にも学ぶべき点は

*『三国志』
三世紀末に中国で成立した歴史書。三国時代に関する史書だが、日本では「魏志倭人伝」に関する最古の文献として有名。

*黒田官兵衛
（くろだかんべえ／黒田如水・黒田孝高　一五四六～一六〇四）安土桃山時代のキリシタン武将。織田信長・豊臣秀吉に仕える。謀将として有名。

多く、知っているべきなのですが、最近思うのは若い外交官が急に古典を読んでもピンとこないのは、ある意味仕方ないかも知れません。例えば、孫子の兵法の素晴らしさは、自分の経験があって初めて分かってくるのだと思います。何の経験もない大学生は、孫子の兵法を読んでも、すぐにこれが世界で一番素晴らしい本の一つだなんて、誰も実感できないでしょう。それが、ある年月を経て経験を積んで、情勢の怖さや難しさを経験してから読めば、孫子の兵法くらい凄い本はないと思うでしょう。

これは情報を摂取するということにつながる話なので、もう少し詳しく考えてみましょう。例えば絵画などの視覚情報は一目瞭然で明らかですが、その解読は思ったほどやさしくないですよね。絵を理解する能力は、それぞれの人の教養や人生といったものをバックにして、多義的に読み込むことができるようになって初めて、一つの絵が分かってくる。そういう意味では、一つの文献や古典を読んだとか読まないとかは、それだけではあまり意味をなしません。本は読んで、そこから何を吸収できるかです。吸収できない人間に読ませても、あまり意味がない。読書は重要です。しかし、自分に情報を摂取する条件が整ったときに吸収できるのであって、ただ本を読んでも、そこから深い人生訓を得るというのは、たぶんとても難しいんじゃないでしょうか。

鈴木　いろんな体験があり、修羅場を潜っているから、本を読んだときに何かが出てくるということですね。では、外交官になるためには、高い教育を受けた人よりも、むしろそういう自分で学んでいける能力のある人のほうが向いているんでしょうか？　明治時代ならそういう人もいましたね。そんな外交力がある人材はいずれにしてもやはり必要ですよ。外国では大統領を務めた人間がその後、大使になって国外へ出ていくというのがあります。日本にはないですね。

孫崎　いませんし、無理でしょう。地位だけでは人は認められません。国内で要職を経験したからといっても、やはり外国では自分で自分の意思をはっきり表現できないと駄目なのです。まず道具は言葉ですから、道具を操れない人間が、いくら自分は立派だって顔をしたって相手にされません。

鈴木　元首相だとか、そういう役職の重みは通用しないのですか？

孫崎　通用しません、単なる飾り（笑）。

鈴木　北朝鮮でアメリカのジャーナリストが拘束されたときに、ジミー・カーター*元大統領が二〇一〇年に交渉しに行って、解放されました。あのときは恩赦というかたちで北朝鮮に華をもたせていますが、たぶん金

ジミー・カーター
（一九二四〜）政治家。アメリカ大統領（在任一九七七〜一九八一）。「人権外交」を掲げ、対中関係正常化、キャンプデービッド合意等に尽力。在職中は「弱腰外交」との批判も受けるが、退任後は中東和平等に尽力。国際紛争仲介が国際的に注目されノーベル平和賞受賞。

も払ったし、謝ったのでしょう。それでも、とにかく自国民は返してもらった。これは外交の手段としていいなと思ったのですが、元大統領だからできたのではありませんか？

孫崎　アメリカの大統領と日本の首相と何が違うのか。ご存じのとおりアメリカはものすごい階層社会ですね。白人・黒人、上流・下流、宗教も含めていろんなバラエティがあります。政治家として完成するためには、異なる価値観を持つ協力者を得ながら競争を勝ち抜かなければならない。そういう国内の闘いを越えてきている。日本の場合、首相になる道は自民党という一つの小さな団体の中で階段を上って偉くなるということです。異なる価値観の中で政治家として揉まれるのではない。ほとんどの日本の政治家は、「私はこのポストのために、どのようなことをしてきたか」を自慢することはできるけれど、「私はこの思想のために、こういう考えを実現するためにやってきた」と言えない。これでは海外に行ったらほとんど通用しない。

鈴木　それでは、いっそ海外経験豊かな人材を借りてきたらいいんじゃないですか？

孫崎　それをしたのがまさに明治時代だったのです。当時まだ日本人たちが知らないことが多かった。そこで、それぞれの分野で優れたお雇い外国人を招いて、優れた知恵を拝借した。明治人には、優れたものに対する尊敬がありました。

鈴木　いまだったら野球とかサッカーの監督で、よく外国人を見ますね。

孫崎　競争が熾烈だからでしょう。スポーツには本当の意味の競争があるからでしょう。

鈴木　優れた人材を他界からスカウトすることは明治でも、またいまの日本でもスポーツではできるのだから、政治の世界だってやっていいのではないですか？

孫崎　真剣度が違うのでしょうね、明治維新直後の日本とは。大臣よりはるかに高い給料で外国人を雇って、列強と対等になる、植民地にされない国をつくらなければいけないという、その意識はとても強かったのでしょう。

鈴木　野球やサッカーよりも、いまの政治は真剣度が足りないということでしょうか？

孫崎　サッカーは国際的に戦わなければいけないから、真剣度が高いでしょう。

鈴木　政治も真剣度が必要ですね、お雇い外国人を入れてでも。

孫崎　受け入れが進んでいないうえに、いまの日本は、外に出て学びながらやろうという気概もとても少なくなってきました。いま日本から、どこか外国の最も優れた教育水準で学んでいる人はほとんどいません。中国からアメリカに二六万人くらい留学していますが、それはただ単にアメリカに行ってきましたという遊学者ではなく、習近平*の娘もハーバード大学で勉強するというように、一番エッセンスのあるところを学んでいます。そういう活力がいまの日本社会にはもうなくなっている。ぬるま湯につかって、自分たちの社会だけで生きていけばいいという内向きの風潮です。世界に出て、外の厳しさに触れることを社会全体が求めるという時代ではなくなったのだと思います。

メディアの役割

鈴木　日露戦争から後の日本社会では、新聞の役割・影響力も大きくなったと思います。日露戦争時、大いに販路を拡大させた新聞社が宅配制度を始め、戦争報道が一番の「娯楽」となってしまうと、どうしても強硬な意見をはく人たちがヒーローになっていく。「戦争にのめりこんでいいのか？　ちょっと待てよ」という人は「腰抜け」とか「卑怯者」とか叩かれる。この傾向はいまでもそうですが……。当時の世論は危ないですね。極端に言えば、あのとき新聞がなければ後に第二次大戦でアメリ

習近平
（しゅうきんぺい・しーちんぴん　一九五三〜）　中国共産党中央委員会総書記を務める中国の最高指導者。党幹部の子弟でいわゆる「太子党」だが、文化大革命期には下放も経験。

カと戦争しなくても済んだのではないでしょうか?

国民に外交方針や態度を全部説明しようと思うから、分かりやすいことを言ってしまう。「日本は日露戦争に勝った神の国だ。いざとなったら神風が吹く。ヒトラー・ユーゲントが日本に来て靖国神社を参拝した。海の向こうでもああいうかっこいい青年たちが、われわれと同じように国のために命をかけているんだ」とどんどん勇ましくなって、歯止めがきかなくなる。「アメリカなんか民主主義の国で、みんな遊びほうけているから、国のために戦う奴なんか誰もいない。アメリカなんぞ恐るるに足らずだ」と怖いもの知らずになる。そんないい加減なことを新聞がわーっと書いた。でも、後から明らかになったのですが、実はそのとき、そんな記事を書いていた新聞社で、実際にドイツに行ったり、アメリカに行った人は少ないから、ぜんぶ二次情報、三次情報だけで書いているんですね。

もしそんなポピュリズムの時代ではなく、明治時代前半だったら、そう愚かなことはやらなかったのではないでしょうか? 明治政府なら十人か二十人で政策を議論してすぐ決めてしまう。国民に説明する必要はなかった。だから冷静に国益を考えて決断できたのではないかと思います。明治国家だったら、大東亜戦争はしなかったでしょう。

孫崎　明治時代は非常に意識的に海外留学をすすめ、お雇い外国人を入れて、世界との交流を通じ、大きな間違いをしないような装置というものがあったと思います。ところが、自分たちはもう十分力をつけたと思ってから、海外に学ぶ姿勢をなくしていった。同時に海外の情勢からどんどん疎くなったと思います。

昭和になってアメリカとの戦争に突入したとき、日本の中枢部は、アメリカは民主主義で軟弱で、そのうち国民から厭戦意識が盛り上がり、政府へ反発が出てきて、途中で戦争も続行不能になる、だから二、三年頑張れば勝てると考えていた。それが単なる日本の国としての戦争方針になっている。ものの見方が自分の都合のよいように考えているだけで、アメリカの現実に、しっかり根付いて、精査した情報をもとに判断するということではありません。上っ面で、アメリカとはこういう国だろうという単なるイメージで判断している。アメリカを本当に研究することなく、アメリカとの戦争に突入したのだという感じがします。

鈴木　さきほども言いましたが、右翼で唯一、赤尾敏さんは戦争に反対している。衆議院に当選して国会では東條内閣を批判しています。赤尾さんの主張する日本はアメリカと戦争すべきではないという意見は平和主義ではなく、日本はソ連と戦争すべきだという論です。アメリカやイギリスは民主主義の国だから連帯すべきだという見解ですね。ではどうして赤尾敏さんだけが冷静な目を持っていたのかというと、右翼運動をやっていたからだと思います。

孫崎　もうちょっと説明していただけますか？

鈴木　右翼をやっていると実はいろいろなことが分かるときがあります。右翼はナショナリズムとか民族主義のよさも分かるけど、その反面熱狂の怖さみたいなものを知っていますから。赤尾さんは右翼運動をやる前は、武者小路実篤*の「新しき村運動*」や左翼運動もやって、両方ともに裏切られている。そういう大衆運動の卑劣さとか怖さも分かっていたから、戦時中、日本国家そのものが大衆運動的になっていて、国民が「こいつが敵だ、やっつけろ」と、熱狂が暴走する仕組みが分かっていた。日本は威勢のよいかけ声だけでわあわあ、やれやれと突き進んでも駄目だと分かっていたのでしょう。

孫崎　昔もいまもやはりメディアの役割は、とても大きいと改めて痛感しますね。

鈴木　アメリカと戦うというとき、「アメリカはそんな軽薄な腐敗した国などではない」ときちんと言うのがメディアの役割だったはずです。世の熱狂から一歩身を引いてちょっと待てよとしっかりと事実を見極め、

武者小路実篤
（むしゃのこうじさねあつ　一八八五～一九七六）作家・画家。有島武郎等と『白樺』創刊。一九一八年、「新しき村」創設。

新しき村
一九一八年、武者小路実篤等によって宮崎県に設立。三八年、埼玉県に移動。トルストイの影響を受けた白樺派の価値観を実践する共同体として注目された。

知らせることこそ職責だったはずです。それが反対に世間の大きな流れに迎合して、国民の空気と一緒になって、新聞が読者を獲得するために煽っていたらしょうがないですね。

孫崎　同じことがまさにいま起こっていて、中国に対する見方はとても極端になりました。

　安倍さんの政策は、政権発足当時からアメリカにかなり危険視されていた。戦前に戻るような体質を持っているのではないかという懸念が、さまざまなところで出てきています。例えば、歴代の首相の中でアメリカ大統領と対話できた時間が一番短いということにも、それは端的に表れています。G20*をはじめとする国際会議に行った場合、歴代首相はだいたい米大統領と会っていますが、安倍さんは内実を伴った会話ができていません。

　これは一つの例にすぎないかも知れませんが単にそこだけ見ても、安倍さんとオバマ大統領との関係は非常に悪い。それなのに、国民は安倍政権になって日米関係がよくなっていると思っている。なぜならば、新聞などのマスコミが安倍政権にゴマをすっているからです。それで実態を反映しない歪んだ虚像が広がっている。ここで注意しなければならないのは、誤解は無知より危険だということです。新聞が安倍政権に都合

G20
主要二〇カ国・地域による国際経済金融会議。従来のG7（日本、アメリカ、カナダ、イギリス、ドイツ、フランス、イタリア）を拡大し、国際金融危機や経済規制などについて意見交換を目的とするが、温暖化問題対策なども議題にあがる。

のよいことを言わなければ、情報が少なくて知識はないかもしれないけれど、世界を見る目は歪まない。分からないままならば、人びとは何が起こるのかきちんと見ようとするけれど、間違った情報を入れているから、それでイメージが固まってしまう。

安倍さんが靖国神社に参拝して、アメリカ大使館が異例の発言、靖国参拝を残念に思うと発言した。さらに、国務省が同様のことを言った。いままでアメリカが同盟国に対して、こうした発言をしたことはありません。

鈴木　靖国参拝に対して、アメリカの反応は速かったですね。政府は事前にアメリカに靖国へ行くことを通達していたそうですね。

孫崎　事前にメッセージを送るというのは、よくおこなわれることで、アメリカも日本にさまざまなメッセージを送っているのです。アメリカは二〇一三年十月三日にヘーゲル国防長官とケリー国務長官が千鳥ヶ淵に行ったことで、靖国ではなくて千鳥ヶ淵に行くという、大きなシグナルを出したわけです。そのときに、アメリカ大使館の次席公使、臨時代理大使は、各国の首脳はアメリカに来たらアーリントン国立墓地に行く、それに類似するのは日本では千鳥ヶ淵である、という意図を書いています。つまりアメリカは唐突に怒りだしているのではなく、それ以前に十分に警告をしていたのにもかかわらず、それを顧みないで安倍首相が靖国参拝した。ここが怒っている大きな点でしょう。

鈴木 それならば、アメリカに対して〝自主外交〟したということになりますね。

孫崎 そう、アメリカがどう動くか、十分に知らない間は確かに安倍首相の行動はアメリカ追随ではない。でも、アメリカが怒っていると分かると平気で一八〇度方向転換をします。アメリカが怒ろうと、これは国益にかかわることだから頑張るという「自主性」は安倍首相にはみえません。

靖国問題でアメリカが厳しい反応をするだろうという予見を国民が持っていたかというと、まったくなかった。靖国問題で安倍さんのやっていることは中国と韓国に対してやっているだけだ、あいつらはけしからん連中だから強く出ていいというくらいにしか、国民は思っていないようです。どうしてそのように考えるかと言えば、新聞などマスコミのプロパガンダが大きな役割を果たしてしまっている。日本では、メディアが正しく報道を伝えるより、政権に対しゴマすりをやるから、情報が歪な方向に傾く。それが第二次世界大戦突入の要因にもなったし、今日の外交的な問題の要因にもなっていると思います。

鈴木　政権に対するゴマすりであると同時に、不安な国民に対するゴマすりです。国民は、俺たちは頑張っていても貧乏だ、日本の経済がどうなるのか不安だ、さらに中国にうまくやられてしまっているという不満を抱いています。そういうときに、おまえたちの不安を解消してやるよ、憲法改正だよ、何かあったら戦争を辞さずに戦うんだよと政府が言えば、「俺たちの不安を解消してくれる」と国民は思ってしまいます。

アメリカとの戦争に突入したときもそうでした。何か一発スカッとやってほしい。それで真珠湾を攻撃したら、高村光太郎*も含めていろいろな人たちが、霧が晴れたみたいだと大絶賛しました。そういう気持ちも分かります。先行きが見えない、どうしようもない状況のときに、敵に向かって飛び込んでいって打開したんだ、という気分だったのでしょう。

いまも安倍政権に対してそういう国民の空気があって、単に政権維持のためにやっているだろうことまでも、「俺たち国民のためにやっているのだ」と思いこんでしまう。うまいですね、やり方が。誰か広告業界のブレーンとか、国民にアピールするのがうまい人が一緒にやっているのでしょう。

孫崎　日本をこれだけおかしくしている一因はマスコミです。そのマスコミに対して、いま明らかに起こっている現象が政治の介入です。これが

高村光太郎（たかむらこうたろう　一八八三～一九五六）彫刻家・詩人。詩集『道程』『智恵子抄』等。

安倍政権の何よりも激しい部分です。マスコミ、テレビに対して猛烈な介入が始まっている。

鈴木　どういうかたちでやっているのですか？　僕もテレビ局で、自民党の悪口はなかなか言えない状況になっていると聞きましたが、具体的にどういうふうにやっているのですか？

孫崎　一番簡単なことは、〝はずす〟ことです。

鈴木　担当記者をですか？

孫崎　一番顕著なのは原発関連です。例えばテレビに出ていた鳥越俊太郎*さんは、原発について意見を述べて、一発で降ろされたと言っていました。新しい番組になって、鳥越さんだけがはずされてスタートしている。なぜかと言えば、原発に対する姿勢、反原発です、それしかない。そういうかたちで、何か政権にとってマイナスの発言をしたらはずす。発言した人だけでなく、ディレクターとかスタッフまではずされていくというかたちでの圧力が激しくなっています。

民主主義とポピュリズム

鈴木　民主主義になって議会を持った大正から昭和にかけてのほうが、日本の迷走が加速したのではないかという疑問があります。明治時代は

*鳥越俊太郎（とりごえしゅんたろう　一九四〇〜）ジャーナリスト。毎日新聞記者、『サンデー毎日』編集長を経てフリー。日本記者クラブ賞、ギャラクシー賞等を受賞。

選挙もずいぶん制限されていたし、情報も国民に全部は伝わらなかった。そういう意味で、手段としての民主主義、国民による政治のby the peopleはない。でも結果的に明治はfor the peopleの政治もつくりました。いまはby the peopleはある。みんながネットに繋がっていて、いろいろなことを全部国民に知らせる必要がある状況にあります。でもfor the peopleはない。

でも、その状況においては、「分かりやすい政治」になってしまいます。一見いいことのように見えますが、実はここに落とし穴がある。政治にはやはり分かりにくい部分もあるし、秘密にしなければならない部分もある。それを全部、国民に分かりやすいものにすると、どうしても白黒はっきりさせるタカ派的な方向になってしまう。特に最近分かりやすい政治の危険性を感じます。

新聞やテレビが分かりやすい解説をして、都合の悪いことは何でも政治家のせいにして、政治家を替えればいいと言う。でも替えたってもうたいした人材がいないから、政治家を替えることで国を大きく変えるのは無理だ、この程度で我慢するしかない、そういう状況がだんだん分かってきたというのが、いまの日本人の政治への意識じゃないですか。いま安倍政権が支持されていますが、この日本の状況は十年、二十年前だったら内閣打倒ものだったでしょう。それが起きないのは、民主党政権があったからです。「打倒したって、もっとひどくなるだけだ、民主党を見たら分かるだろう」と諦めている。それでみんな我慢しているだけです。

その中で、特定秘密保護法成立など、やりたい放題で。靖国問題でもアメリカから何を言われようと、韓国・中国から何を言われようと、もう関係ない。いままで我慢していたけど、もうアメリカやアジアに関係なく歴史問題や領土問題で、われわれは堂々と戦って偉いだろというのが、現在の政府の空気でしょう。

でも、そういう被害意識・逆襲意識でまとまっているのは、中国も韓国も北朝鮮も日本も、まったく同じではないですか。外圧に負けないでわれわれは堂々としておればよいという意識で仲間うちで固まっている。

孫崎　われわれは民主主義の中で生きていて、民主主義を絶賛しなければいけない、寡頭政治がいいとは言えない立場にあります。しかしそこをあえて考えてみると、中国は習近平がいる、ロシアはプーチン*がいる。こういう独裁者的な指導者がいる国々に隣接して日本がある。

私は、日本人と結婚した有能なインテリ中国人女性を知っています。この人はときどき、日本の財界、政界の人と中国のトップとの通訳を

プーチン（ヴラジミール・プーチン　一九五二〜）　ロシア大統領。KGBを経て、政治家に転身。大統領二期、首相を二期歴任。

する。彼女は日本人と結婚し、日本が好きで、日本が中国から変なかたちで見られたくないと思っています。その彼女は通訳した経験から、中国では役職が上に行けば行くほど見識・人物がしっかりしているけれど、日本は役職が上に行けば上に行くほどダメになっていくと言う。中国の中枢にいる共産党員は、地方の統治に関わるなどさまざまな経験をしながら、競争で淘汰される過程を経て上に上がっていく。その過程で行政や交渉の能力を磨いています。一方、日本の政治家はそういうかたちでトップに行くわけではありません。ここ数年、日本は政治的能力も知的水準も低い人たちが首相になっています。世界の指導者の中でも際立って低い。

アメリカの大統領はオバマもクリントン*もトップエリートです。バカだと言われたブッシュ*だってトップクラスの大学を出ているけれど、本人も政治的能力が高くないことを自覚しているから、周辺スタッフは非常に優秀な人間で固めました。一方、日本くらい知的水準の低い人たちがリーダーになっている国はありません。もちろん政治はすべて知的水準だけで決まるわけではないけれど、やはり知的水準が欠けていたらダメな部分があります。ここで言う「知的水準」というのは国際的な視点があるとか、長期的計画性があるとか、さまざまな意味のことですが、

クリントン
（ビル・クリントン　一九四六〜）政治家。アメリカ大統領（在任一九九三〜二〇〇一）。ジョージタウン大学卒、オックスフォード大学留学、イェール大学ロースクールで法学博士号取得。大学教員を経て弁護士、アーカンソー州知事を歴任、その後大統領へ。経済政策では重工業生産から金融・ITへと軸を変換。「情報スーパーハイウェイ構想」とともにニューエコノミー政策を推進、好景気をもたらす。

ブッシュ
（ジョージ・ウォーカー・ブッシュ　一九四六〜）政治家。アメリカ大統領（在任二〇〇一〜〇九）。父親も大統領経験者という名門一家に生まれる。イェール大学卒業後、職歴・軍歴を経てハーバード大学でMBAを取得。テキサス州知事を経て大統領に。

日本ではその知的水準の低い人間が一番上のポストにいて、国をしっかり運営できていない状況にあります。

例えばいま、中国で習近平に代わる一番いい人を出してくださいと言うと、やはり共産党のトップの人たちから出てくることになると思います。競争を経て、指導者としての適性をもっていることが明らかな、やはり習近平みたいな人が出てくる。ロシアでも同じです。トップとして一番望ましい人、一番優秀な人が出てくる。一方、日本という国は、一番優れた人たちが出てこられない社会になってしまった。日本はいま、民主主義の一番おかしな部分が出てきてしまう国になってきている。

鈴木さんがおっしゃったように、民主主義で国民が主権を持つのであれば、国民が物事を知らなければいけない。だがいま、その知るというプロセスが完全に歪んでしまっている。ここに意図的な操作が入ってしまえば、民主主義は機能不全になります。日本が現在おかしな国になってしまっているのはこのためです。

鈴木　前は、国民は政治に対して一種の「割り切り」があったと思います。八百屋さんとか魚屋さんは、自分たちはその仕事については一〇〇%プロだけど、政治まではタッチできない、政治や外交にはプロがいる。だからこそわれわれは税金を払って、その人たちにプロとして政治や外交をやってもらっているという割り切り方があった。ところがいまは、そういう割り切りがなくて、「われわれが主権者だから、われわれが政治を決める」、「われわれの代表として議員を送っている」と思う。これはもちろん間違っているわけではないけど、それならば政治のことや国際情勢も知らなくてはいけない、だけど全部知ることはできないから、テレビや新聞に概略的に分かりやすく翻訳してもらって、知ってるつもりになっている。でももしその情報が歪んでいたら？　国はおおもとからおかしなことになってしまうし、現にいまその危機にあります。これはかなり怖いことだし、まさにいま、目の前にある日本の危機ですね。

孫崎　民主主義の前提は、正しい情報を国民が持てる条件が確保されることで、そのうえで初めて民主主義が機能する。ここに圧力がかかって、いま、日本はどうしようもない国になりつつある。マスコミや社会的な場で、本当のことを本当のこととして公言できない。あるべきことを、こうあるべきだと言えない状況になってしまったと思います。私たちはいままで戦前の反省点を考えてきたわけですが、いまですら、日本はそれほど言論が自由な国ではありません。国際ジャーナリスト組織「国境なき記者団*」による報道の自由度のランキングで、二〇一四年（二月十二日発表）は世界で五九番目です。

国境なき記者団
一九八五年設立。ジャーナリストの取材・報道活動を支援し、暴行や誘拐被害者となった取材者の救出を目的とする。検閲廃止や報道の自由のための活動もおこなう。約八十カ国のジャーナリストが参加している。

マスコミの問題について別の視点でも考えてみましょう。実は露骨な情報操作や政治圧力だけでなく、露出頻度・マスコミ出演回数によっても情報はかんたんに操作されてしまいます。例えば東京都知事選挙で都知事として望ましい人というランキングに出てくる人たちの順位は、テレビの露出度と同じです。テレビの露出度イコール、望ましい政治家になっている。こういった点でも、いまの日本では民主主義体制の非常にマイナスの面が出ています。

民主主義の大前提は報道機関が公平な報道をし、それによって国民が客観的な判断をすることですが、報道機関が歪んでいれば民主主義はその根本から歪みます。それがいま、最もひどいかたちで起こっているのが日本。日本のマスコミは民主主義国家の中でも深刻なレベルで、劣悪な状況になっています。なぜかと言えば、有形無形さまざまな統制がある。まず記者クラブというのがあり、さらには基本的に新聞と大手メディアが一体として動いている。権力構図と一体なんです。日本のメディアとは、そういう組織になってしまった。

鈴木　もし、いま首相公選なんかやったら、ひどいことになるでしょう。テレビタレントになりますよ。

孫崎　本当にそうなるでしょうね。それぞれの分野に優れた人間がいる。

例えばお笑いタレントは、私たちを巧みに笑わせてくれます。われわれは楽しいことが好きだから、笑わせる能力のある人はその道のプロとしてとても尊敬します。だけど、笑わせてくれる人を政治の中枢を担う、首相にしたい人として考えたりするのは、どうなんでしょうか？

戦後の自民党議員でも首相になる政治家は、一国のリーダーとしての品格とか資格をある時期までは持っていました。国を運営しなければならないのですから、首相たる者がどうあるべきかという一種の自制心というものが政治家の中にあって、首相を目指す人間はとても熱心に勉強していました。さまざまな分野の専門家や各省庁の若手官僚を呼んで勉強会をやっていました。しかしある時期から、広い分野で勉強しなければ首相になれないという自制心が政党・政治家の中からなくなってきた。いまは政治・政策を懸命に勉強している政治家はもういないようです。

では、なぜ政治家に品格を問うのかと言えば、それは、汚職と距離を置くことができる人物を見極めるためです。現代政治はカネが力の源泉だから、どんなことがあっても政治は汚職と結びつきます。ですから首相を選ぶときには意図的に品格を重視しないと、政治が汚されていってしまう。ところが、日本では政治家に品格を求めるという自制心がいつの間にかなくなった。

鈴木　政治や外交がいまほどバカにされている時代はないでしょう。政治家や外交官なんて俺だってできると、テレビでうそぶいている人を首相にしたい人に挙げてしまう発想になっている。政治家というのは、大変な勉強をした能力のある人がなるという感覚がなくなって、軽く考えている。国民の側も謙虚さがなくなっていると感じます。

若者たちの話を聞いていると、「日本がアメリカと戦争した時代は情報がなかった。マスコミがなかった」と言います。「軍隊が強圧的で言論の自由がなかった。だから国民一人ひとりが戦争に反対できなかった」。一方、「いまは言論の自由もあるし、マスコミが健全に機能しているから、そんな愚かな選択はしない」と多くの若者が言うのです。でも、私はそう思いません。むしろいまのほうがもっと愚かな選択をするだろうと危惧しています。

孫崎　私も同感です。戦前よりむしろいまのほうが危ない。

鈴木　昔よりわれわれは賢くなっているし、過去の人間はバカだったから戦争したんだというふうに思い上がっているからでしょう。謙虚さがなくなったのが怖いですね。

孫崎　最初に申し上げたように、いま日中の力関係を見ると、まず中国には核兵器があり、向こうは東京を攻撃できるミサイルがある。一方、日本は北京を攻撃できる武器を持っていません。将来、中国の経済は日本の四倍くらい、つまりアメリカと同等になるでしょう。いま、中国の国防費はGDPの六％くらい、日本の国防費はGDPの一％くらいとすると、日本は毎年GDPの二四％くらいを軍事費に当てて初めて中国と対等になれる。だから、現実的には中国と軍事的に対等になることはあり得ないにもかかわらず、週刊誌などは、日中が戦えば日本はすぐに向こうをやっつけると言っています。われわれは残念ながら軍事的に中国に対抗できる力はないという冷静な客観性や謙虚さをもって見ている軍事評論家はいません。

鈴木　そういう人は人気がないから、マスコミでは出番がなくなるのです。すぐ勝てると言わないと、面白くないから。そういう意味では、戦前の対米開戦論が蔓延したときより、いまのほうがひどいですね。

孫崎　確かに現在のほうがはるかにひどいと思います。

鈴木　新聞を見ていると、韓国はもうダメになるとか、中国と付き合う意味なんかないとかさかんに書きたてています。特に僕は取っている新聞が産経新聞だから、そういう記事ばっかりです。国交断絶しろみたいな論調まであり、何なんだこれは？　と思います。

孫崎　国家の安定・国の繁栄について考えるということは、もっと冷静で長期的な考え方を抑制的に培う必要があります。イギリスを例に、そのことについてお話しできることがあります。私は一九六六年にイギリスに行って軍の学校でロシア語を勉強しました。そのとき、その学校の生徒であるイギリス軍人たちに、軍が権力を奪取することを考えることがあるかと訊いてみたことがあります。「そんなことはできるわけない」と言われました。「軍には力があるじゃないか。権力を取ってしまったらちょっとやそっとでは政治家は歯向かえないだろう」と言ったのです。それに対するイギリス軍人たちの答えは印象的でした。「わが国の運営において軍が担っているのはほんの一部にすぎない。国家運営には、もっと重要な経済や社会問題などさまざまな分野があって、それにわれわれ軍人がうまく対応できるとは思わないから、そんな野望は持たない」と言うのです。イギリスの軍人たちは、そういう謙虚さを持っていました。対外戦だけでは国家は運営できない。国内のさまざまな重要な問題に対処できるのはやはり政治家だ。だから軍部は政権を取りになんかいかないと言うのです。

冷静かつ、合理的なイギリス軍人たちの英知に学ぶ点は多いですね。同じような視点で、中国との関係がどうなるかだけではなく、今後の日本をどのように運営すべきか、さまざまな問題を考えなければならないと思います。日本のいまの政治はどちらかというと対外的なもの・軍事的なものをプレアップして、軍事で日本を運営できるかのような雰囲気になっている。これは国のありようとしては、重大な欠落があると思います。本来やるべきこと、本来目を向けるべきことに向かえない政治体制になってきているのではないでしょうか。

民主主義の土壌

鈴木　なぜ日本には民主主義の土壌が育たないのでしょうか？

孫崎　非常に残念なことに、日本には主権というものが実質的にないのだと思います。ものを考える人たちが排除されていく土壌が日本にはある。例えば政治だったらアメリカに対する自立を主張すればたちまち主流から排除されてしまう。それを見た周りの政治家たちも政策的選択肢の中で少しでも対米自立の要素があれば、大急ぎでひっこめてしまう。そういう歪んだ構図が政治だけに止まることなく経済、マスコミ、すべてに及んでいく。石橋湛山は大局的かつ客観的に物事を考えた人物ですが、首相経験者という大物政治家であっても、やはり政界から排除される。外務省では国際的な視点を持っていた重光葵、芦田均*のような人たちが排除されています。それを日本の政治家たちは見てきて、保身の術ばか

芦田均（あしだひとし　一八八七〜一九五九）外交官・政治家。第四七代内閣総理大臣（在任一九四八）。外相、厚生相、副総理などを歴任。リベラルな政治姿勢を持ち、戦中、軍部の圧力に抗する動きをたびたび示す。戦後、憲法改正時は憲法九条について「芦田修正」を図る。

りを学んでしまった。日本政界では内容がある政策を主張する人よりは、そうでない人のほうを好むのは周知のとおりです。

民主党政権のとき、どうして野田佳彦*さんが鳩山さんより歓迎されたのか。野田さんが首相になるときには官界・政界あげて、あんなに素晴らしい人はいないと言っていました。いま考えて、彼のどこが素晴らしかったのかと言えば、野田氏の対米追随と、官僚の言うことをそのまま鵜呑みにすることくらいでしょう。日本独自の路線を真剣に考えれば、当然のことながらどこかでアメリカとぶつかります。日本の国益を考えたら、アメリカ追随だけでいいなんて言う政治家が出てくるはずがない。ところが、日本の進路を自分の頭で考える政治家・官僚が出てくると、主流からはずされる。そんな社会になってしまったところが、日本の民主主義の一つの歪みだと思います。

鈴木　戦前選挙が制限されていた時代はどうだったのでしょうか？　当時は女性には参政権はなかったし、税金を納めている金額が一定以上でないと選挙権がなかった。いま、そんなことを言うのはタブーですけれどある意味、税金を多く納めている人のほうが国家に尽くしているし、国家のことを考えるのかもしれない。いずれにしても戦前は投票することが特別な権利だったり、かつて選挙権を持っていた人たちには、それだ

*野田佳彦（のだよしひこ　一九五七〜）政治家。第九五代内閣総理大臣（在任二〇一一〜一二）、財務相を歴任。

けの覚悟があったのではないか。いま、選挙権は意識にのぼらないぐらい、当たり前の自分たちの権利と思っていて自分の一票で世の中が変わるなんて思っている人は誰もいないでしょ。制限があった戦前のほうが、自分たちの一票で何かを変えられるとか、支えているという覚悟があったのではないでしょうか。

いまは覚悟がなくて、棄権率も高い。みんな政治に対して無関心です。二十歳になったら自動的に投票用紙が来るというだけで、自分なりに政治を勉強して権利を遂行するという覚悟はないのだろうと思います。出雲市長だった岩国哲人*さんは、二十歳になったら役所に行って投票したいと届けをすればいいと言っていました。その届け出をしないと五十歳になっても投票用紙は来ない。そういう仕組みは私もいいと思います。勝手に投票用紙が来るから、「忙しいのに投票なんか行っていられるか」と思うのでしょう。自分たちがこの国の主権者だ、責任者だと思っているわけではなくて、マスコミの人気投票みたいな感じでやっているだけ。これがネット投票になったら、もっとひどくなるでしょうね。

参議院なんてお笑い芸人の老後の生活のためにあるようなことを言う人がいました。そういうふうに思われている。だから、国会議員になる人は、まず資格試験を受けてもらうといいかも知れません。

＊岩国哲人（いわくにてつんど　一九三六〜）政治家。メリルリンチ日本法人社長・会長等を経て政治家に転身。島根県出雲市長、衆議院議員を歴任。

孫崎　戦前の日本を考えると、日中戦争に突入してから、陸軍一省だけで国家予算の約半分を獲得しています。大雑把に言って、アメリカの国防費は国家予算の四分の一で、軍関係が非常に強い影響力を持っていました。軍人出身だったアイゼンハワー*大統領は一九六一年に大統領を辞めるとき、アメリカ国民のみなさん気をつけてください、軍産複合体が力をつけていくと、われわれが望まない戦争までやるかもしれないと警告しました。実際にそれが今日まで続いています。国家予算の二五%を軍事費に当てていたアメリカですらそういう力になるのだから、ましてや五〇%を使っていた戦前の日本だったらどうなるか。国内で対抗する機関あるいは省庁は、どんなに予算を持っていたってせいぜい一〇%です。これはもう勝負にならない、軍の暴走は止められないということでしょう。そういう意味で、日本は相当、未熟な社会だったと思います。軍以外の力を育てられなかった。日露戦争が終わって、日本は大変な借金をした*、それをどう返済するか考えなければならないときに、短絡的に中国に行って金儲けしようということで、軍が満州経営とかに乗り出していく。結局、日本の国家が軍以外の力をつける社会構造を持てなかったということでしょう。

鈴木　民主主義がなぜ根付かないのかという問題に結びつきますね。

アイゼンハワー
（ドワイト・デビット・アイゼンハワー　一八九〇〜一九六九）軍人、政治家。アメリカ大統領（在任一九五三〜一九六一）。アメリカの対独戦の英雄。第二次大戦期から輝かしい経歴を重ねる。米ヨーロッパ派遣軍司令官、連合国軍最高司令官、陸軍参謀総長、コロンビア大学学長、NATO軍最高司令官等を経て大統領に。冷戦期の大統領であったが、自身の軍人経験から戦争について否定的な判断を示し、国防費の安易な増額には慎重だった。ソ連・フルシチョフ書記長との首脳会談等で緊張緩和に努めた。大統領辞任時に世界の識者に先駆けるかたちで軍産複合体の危険性に言及した。

大変な借金をした
日露戦争での日本の総戦費は約一八億円で、一般会計予算が約三億円だった当時、約六倍の費用を蕩尽した。国債発行は約六億七千万、外債はおよそ八億円という莫大な借金をかかえた。また、当時日本の総人口約五〇〇〇万人であるのに対して戦時中の兵士動員が約一〇九万人、戦死約八万八千人、戦傷病者約四〇万人にのぼり、労働力不足も戦後復興を困難にしていた。

孫崎　そうです。国家予算の半分以上を陸軍が持つ、それに対抗できる力を育てられなかった。この戦前の教訓がいま活かされているかとても不安です。いま前面に出てきたのは警察官僚です。これが動き出す。特定秘密保護法で表舞台に出ることが認知されたような空気になりつつあります。いままで警察官僚はある種の自制を持っていたと思います。しかし、これが政治の表に出て来ると相当大きな力の組織になります。これも戦後日本の根幹を変えかねない、怖い流れです。

鈴木　今後警察と自衛隊の関係も変わるかも知れませんね。これから自衛隊が軍隊になるとすれば、警察はたぶん反対するのではないでしょうか。国内に軍隊的なものがあるとき、万が一、治安出動するようなことになったら、警察の権限とぶつかります。警察は国内の治安は全部俺たちが守るということで、自衛隊にはいまのままであってもらったほうがいいのではないか。さらに二・二六事件のように国民が軍隊に対して期待をもったら危ない。その意味では、外国に行ってアメリカの傭兵として使われる危険性と同時に、国内の不満分子が「国軍」に行きたいとなると怖いですね。右にぶれているのではなく、過去に戻っているだけだろうと思います。

　いま自衛隊を国軍にするのに賛成する人がかなりいる中、国内的に政治利用される危険性がある。自民党の改憲案では軍隊の中に裁判所、つまり軍法会議みたいなものをつくろうとしている。そうしたら憲法で禁じられている裁判権での二重国家になります。本当に現在、日本は危険な曲がり角に来ているのではないでしょうか。

この流れの先には、国民へのイデオロギー教育みたいなものも具体的に提案されるようになると思います。どうして日本の政治家の靖国参拝に中韓が文句を言うのか、それが理解できない人が多い。自分と異なる意見を持つ人の声は無視しても構わないと思っている。靖国神社に首相が参拝して、大東亜戦争肯定論みたいなものになれば、アメリカ批判になる。それは東京裁判見直し論になるのではないか。

孫崎　以前、かなり年配の自民党支持者から、こんな話を聞きました。「私は終戦直後のある時期、共産党に非常にシンパシーを感じたけれども、それをやめていまは自民党支持者だ。私は一度、共産党のほうにぶれてしまったが、自分の間違いに気づいて自民党に戻ってきたのだから、是々非々で正しい意見を受け入れる私の信条は我ながら素晴らしい」と自画自賛していました。頑迷でないのはけっこうですが、果たしてそれは本当に素晴らしいことなのでしょうか？

これを別の観点から見ると、この人は体制側、力の強いグループについていくという人です。そう考えると、大多数の日本人の意見とは何であったのでしょうか？　敗戦までは軍国主義者で、それは一番力の強い者についていたということです。戦争に負けて軍国主義がダメになったらすぐに民主主義を標榜する人が出てきた。だから戦後になって共産党にシンパシーを感じるのは反体制などではなく体制側についたということなのです。ところがいま、共産党が政治的においつめられてくると、もう一回、自民党側に来る。彼の信条は政治思想的な問いを重ねてきたものでなく、ただ力の強い者についていくだけです。

この話を申し上げたのは権力との距離のとり方や、政治選択がひとり彼固有のものではなく、日本人の現在にも通じている問題だからです。日本人は枠の外でひとり孤立することをもの凄く嫌がる。それはどの組織でも同じで、それぞれの集団の中の規律をひどく大事にする。それは左であっても、右であっても同じです。その集団の規律からひとり飛び出して、「誰が何と言おうとも俺はこうやる」という生き方が日本人は非常に不得意で、そういう人はあまりいない。自分の属する集団に忠実で、集団から飛び出して生きていこうという生き方は多くなく、これは昔から変わらない日本人の特性になってしまっている。

鈴木　日本の組織・集団は皆、自分たちは民主主義的だと思っている。でも本当は右翼も左翼も、民主集中制なのです。でも集団内で一度決めたことには、逆らってはいけない、皆の総意に逆らい、一人だけ別なことを言ったらいけない。別のことを言えば、それは内部の和を乱す利敵行為だと言われる。「全員一致」がこうして次々に決められていく。だから私たちは民主的だと半ば本気で思っているのです。

孫崎　一度みんなで決めたら、それ以外の発言はいかんというのは、本当の意味の民主主義ではありませんね。

鈴木　ええ、でも、日本では自分たちは民主的だと思っている非民主的な組織だらけです。かつて軍国主義者だった人が、その後共産党に傾き、その後また自民党に戻っていくという行為を、自分の中では転向したとは思っていない。「自分はまた祖国愛に戻ってきた、愛国心に目覚めた」と、きれいにまとめている。そういう人たちは多いです。実際は強いほうに与しているだけですが、自分では愛国者になったと思っているし、周りの人たちも、そうだそうだと慰めてくれる。

孫崎　でも、実際はまったくそうではないですね。そこは厳しく言うべきところです。

鈴木　昭和初期の生まれで軍国少年だった人で、戦後、共産党に入ったという人が、戦後の言論界には多いですね。

孫崎　それは本人にとっては自然な判断なのでしょう。その時々の一番力の強い者に迎合したということでしょう。戦前は強いと思えたドイツについていった枢軸派の人が、戦後に対米推進派になった例も少なくありません。本来は枢軸派だったら、ずっとアメリカと戦うと言い続けなければいけない。代表的なのは外交官の牛場信彦*さんです。バリバリの枢軸派だったけれど、後には親米派の一番中心になりました。

天皇制と憲法改定

孫崎　二〇一三年末に安倍首相が靖国参拝する前、天皇陛下が八十歳の誕生日に、民主主義・平和を譲れないものと定めて憲法がつくられた、この憲法を遵守する気持ちで自分はやっていくとおっしゃった。いわゆる右翼思想の基本は天皇陛下を守るというのが、核心でしょう。その天皇陛下が民主主義を守ろう、平和主義を守ろうと言うことと、右翼と言われる多くの人たちが、いまやろうとしていることは違いますね。

鈴木　自民党の改憲案では天皇陛下を元首にすると書いています。しかしそれは危ないし、天皇陛下ご自身も反対されるでしょう。いま自民党は自衛隊を国防軍にしようとしています。かなり強力な軍隊をつくって、いざとなったら戦争も辞さないというのが憲法改定の狙いです。そうな

牛場信彦（うしばのぶひこ　一九〇九～八四）外交官、政治家。外務事務次官、対外経済担当相等を歴任。

れば、もちろん戦争があるかも知れない、そのときに元首として天皇陛下にサインしてもらう、そういうかたちで利用されると大東亜戦争の二の舞です。そういうことがないように、天皇を象徴にしているわけです。もっと踏みこんで憲法から天皇条項を全部とってしまうという思い切った憲法改定は僕はあり得ると思いますが、いまのマスコミ状況・国民の民度から言ったらそれはかえって危ないと思います。

孫崎　いまの政府は天皇陛下を大事にしよう、それを憲法に織り込んでいきましょうと言いながら、現実に天皇の考え方をより重視するのとは全然違う方向に行こうとしています。例えば沖縄をどのように位置づけるか、たぶんいまの天皇陛下と自民党との間にはだいぶ距離があるようです。政治家は、政治の道具として使うことに天皇の役割を見出していると思います。

天皇制についての考え方で重要な一つのポイントは、天皇という人の考え方を重視する天皇制と、利用するための天皇制と、二つあることです。後者は要するに天皇は機関として働いてくれればいい、彼が何を考えているかは関係ないというスタンスです。その考え方はたぶん明治維新のときからあったと思います。幕末の争いの中、薩長や幕府のうち、天皇をどっちがとるか、とることによって自分たちが正統になる。天皇が何を考えているのかは関係なく、天皇という「玉」を持つことによって、自分の正義が証明できるという「使い方」があるわけです。

この問題は、いまも出現しつつあるのではないかと思います。昨今、いわゆる保守・自民党が強化しようと言っている天皇制は、天皇陛下の考え方を大事にする天皇制なのか、利用するための天皇制なのかよく見極める必要がありますね。現在の安倍政権になるまでは、天皇陛下を変なかたちで、天皇の意思とは関係なく利用した事例はあまりなかったと思いますが、一三年四月二十八日のサンフランシスコ条約発効による主権回復の記念式典*は、明らかに天皇陛下の考え方と逆行するものです。

主権回復という記念式典開催にはいくつかの問題がありますが、その中でも沖縄の問題はきちんと考えないといけない。戦争で甚大な被害を受けた沖縄を、サンフランシスコ講和条約時切り捨てにした。日本が法的な独立を得る一方で、沖縄は米占領下のままにされた。この切り捨てにしたことについて、天皇陛下は決して正しい選択であるとは思っていないでしょう。つまり天皇制を国政の中心に復活させなければならないと大声を上げて、わざわざ天皇を四月二十八日に呼んだ人たちは、天皇陛下の考え方を大事にする人たちではない。

鈴木　完全な政治利用でしょう。誰が考えついたのかと思いますよ、主権

主権回復の記念式典
サンフランシスコ講和条約（対日講和条約）で、連合国四八カ国との間に第二次世界大戦終結のための平和条約を締結し、日本が国家主権を回復した（一九五一年九月八日調印、五二年四月二十八日発効）ことを記念する式典。ただし、締結時には外国軍隊の駐留継続を認め、沖縄・奄美・小笠原諸島はアメリカ統治のままになった。また澎湖諸島・千島・南樺太の帰属先は未確定。このときの講和条約では、ソ連・中国等とは締結していない。
二〇一三年四月二十八日、安倍晋三政権下で初の政府主催による「主権回復・国際社会復帰を記念する式典」開催。国会議員・知事等約四百人が出席、首相・最高裁判所長官・衆参両議院議長が壇上に列席。天皇・皇后両陛下が招待されたことに天皇の政治利用との批判があった。
沖縄にとって四月二十八日は米軍占領が日本政府によって合法化された日であり、「屈辱の日」と呼ぶ人もいる。

回復の日なんて。自民党だけでなく、外務省も入れ知恵したのかもしれない。支持率は高く、圧倒的多数の自民党は盤石だし、いまは何をやっても大丈夫だ。これを機に一気に憲法改正までやろうという布石としてやったのかも知れません。式典開催を決めてから、沖縄は切り捨てだったとようやく気がついたけど、まあいいやと思ってやったのでしょう。天皇陛下はそのことに対して反対していたでしょう。皇太子殿下のときに沖縄に行って、火炎瓶を投げられたこともありました。沖縄のことを気にしておられるはずです。それを主権回復だなんてことで、出席させられているのは、かわいそうだなと思うし、もっともっと天皇陛下には自由を保障すべきです。政府式典なんか行きたくなかったら行かなくいらいにしたらいいと思います。

自衛隊を国軍にして、戦争を前提とした軍隊にして、天皇の名前で開戦なんかさせられたら、たまりません。戦後、せっかく天皇制を政治的でないという立場にしたのを、強引に、過去に戻すだけなら、単なる後戻りです。アメリカのつくった憲法はおかしいと思うけれど、少なくとも彼らなりに夢があったし、理想があった。それを改定するならば、それ以上の夢や理想を持つべきです。核兵器をすべてなくすとか、軍備をなくすという壮大な理想を戦後日本は持っていた。それをなくして、ただ普通の国家にする、人を殺せ、血を流せという軍隊にするという憲法にするのがいまの自民党の狙いです。すべておかしいと思います。そんなことよりも、むしろ天皇陛下に、いまよりもっと自由に話してもらったらいいのではないですか。

孫崎　極端な言い方をすれば、いまの安倍政権は天皇陛下を利用する、使うという狙いを露骨に持った政府です。天皇陛下の思想・考え方を遵守するためではなく、都合がいいから元首にしようということです。民主主義を守ろう、平和を守ろう、これが一番重要なことであるとおっしゃった天皇陛下の言葉を、どのように自民党は解釈するのか。この点、右翼と言われている人たちはどのように位置づけているのでしょうか？

鈴木　「安倍政権のもとで言わされている」「天皇陛下の本心じゃない」「かわいそうだ」と思っている人が多いですね。

孫崎　天皇陛下は安倍政権と逆のことを言っているでしょう？

鈴木　憲法を守るということだけについて言えば、立憲君主制、憲法の中での天皇だから、僕はそれは当然だと思います。それに対して右翼の人たちは、天皇陛下は天皇になったときは憲法を守ると言ったけど、それは本心ではなく無理やり言わされたと思っている人たちが多い。

孫崎　天皇陛下は単に憲法を守ろうということを言っているのではなく、

民主主義と平和は譲れないものとして憲法を守るとおっしゃっている。

鈴木　そのご見解は素晴らしいと思います。

孫崎　鈴木さんみたいに、それを素晴らしいと支持する右翼は何パーセントくらいいるんですか？

鈴木　少ないでしょうね。いまある日本国憲法は打倒しなければならないと思っているし、そのうえで日本人が自分で民主主義を創り直さなくてはならないと思っていますから。

孫崎　右翼思想の根本は天皇陛下を重視するということでしょう？

鈴木　確かにそうなのですが、実は右翼の思想上、それが難しい。例えば二・二六事件で蹶起した将校たちは、昭和天皇の決断で処刑されました。そのことについて右翼の人たちはどう考えたのか？　例えば三島由紀夫は、天皇は神であるはずなのにそのときは人間になって、人間としての小さい判断でそういう間違いをしたと言っています。大臣や教育総監など自分の周りの人間を殺されたことで、お怒りになって討伐しろと言ったと非難しています。さらには、戦後に人間宣言をしたのも間違いだと思っている右翼はいるわけです。

そうすると、天皇のすべてが偉いのではなく、天皇の理念こそが正しいという考え方が出てくる。だから、ゾルレン（あるべし）としての天皇と、ザイン*（ある）としての二つの天皇が存在するというわけです。これが極端にすすむと、ゾルレンの天皇を守るためには、ザインの天皇を殺してもいいという暴論まで吐いた人もいました。意外かも知れませんが、これも右翼の考え方の一つなんです。

孫崎　そうすると、いまの右翼の人たちの中には、天皇はあるべきものの考え方をしていないと捉える人もいるのですか？

鈴木　そうですね。さらに、ある月刊誌で、皇太子殿下は皇太子をやめろと言った人もいます。皇太子殿下はいまの天皇よりもっと開明的だろう、民主的だろうと思われている。だから皇太子としてふさわしくないというのです。さらに男の子がいないから弟殿下に皇太子を譲れと、めちゃめちゃなことを言っている人がいます。こんなことを主張している人も右翼にはいるんです。

孫崎　そんな主張をする人が、本当に右翼の中にいるんですか？

鈴木　ええ。保守派の人もいます。

孫崎　その主張は、右翼の思想と結びついているものなのでしょうか？

鈴木　結びついているでしょう。天皇は強い天皇であるべきだと決めて思い込んでいるのです。たぶんそれは、天皇を守りたいのではなくて、自分が守りたい天皇を守りたいんです。

ゾルレン／ザイン
どちらもドイツ語で、ゾルレンはsollen、ザインはseinを指す。

孫崎　守りたい天皇像を描いて、その想念を守る、ということですか？

鈴木　願っている天皇像を守りたいという心情でしょうか……。

孫崎　しかし、それでは願っていない天皇は、排除してもいいのですか？

鈴木　憲法を守り、民主主義を守るような天皇は、「願っている天皇像」ではないのでしょう。

孫崎　ニューヨーク・タイムズが、天皇の発言で民主主義を守るというところを、わざわざ一番重要なところとして社説に引用しました。安倍政権と距離を置いている天皇陛下のほうがアメリカから見ると素晴らしいわけだから、支持されたということです。

鈴木　天皇陛下はものすごく慎重です。政治的な発言はしないようにしている。東北の被災地に行っており、それで励まされている人が多い。国民には、天皇制と自衛隊があってよかったと思っている人が圧倒的に多いと思います。そういう意味では、政権がどうなろうとも、天皇制と自衛隊は変わらないと思います。

孫崎　少し敷衍していきますと、天皇制と天皇の人格は、どこかで理念だけでなく、現実のものと重なってくるところがありますね。

鈴木　北一輝が主張していることなのですが、北は、日本の天皇の歴史を見ると、忠良の日本国民が天皇を尊重して守ってきたと書かれているが、そんなことは嘘だと書いています。天皇を島流しにしたり、追放したり、そういうことが何度もあった。だから俺たち日本国民は乱臣賊子の子孫だと北は言うのです。凄いことを言っているなと思いました。そういう意味では、いま歴史的にも一番の乱臣賊子じゃないですか、日本の国民は。天皇に対して弓を引いている。雅子さんバッシングをしたり、皇太子殿下にやめろと言ったり、めちゃめちゃなことを言っている。

憲法で天皇条項*をなくしたら、日本は何を考えているんだろうと外国から不信感を持たれます。同時に、天皇が民間人になったら、かえって政治利用されます。国民から皇族への寄付行為だって自由になってしまいますし、宗教団体をつくろうとか、あるいは選挙に出て首相になってもらおうとか、いまのムードだったらそんな担ぎ出し運動だって起こり得ると思います。こうなってしまうと、とても危険です。「象徴」という言葉はよくないかも知れないけれど、そういう存在のほうが適切と思うし、政治にはタッチされない、あくまでも文化的な活動をされるという現在のあり方のほうがよいことは間違いないでしょう。それだけで、すでに非常に困難な仕事を強制しているわけですから、それ以外のことはすべて自由にしていただくべきだと思います。もちろん失礼がないように。だからといって、僕は不敬罪*をつくろうという考えには反対です。

天皇条項
日本国憲法第一章第一条から第八条までの天皇・皇室の地位と役割についての規定。第一条では、「天皇は、日本国の象徴であり日本国民統合の象徴であって、この地位は、主権の存する日本国民の総意に基く」とあり、続く第二条では皇位の世襲が定められている。

不敬罪
大日本帝国憲法下の刑法典にて明文化されていた。天皇・皇族または神宮、皇陵に対する名誉毀損行為を処罰する罪。一八八〇（明治十三）年公布。一九四七年、新憲法施行で廃止。

政治利用も不敬罪も、天皇制と日本を危険にします。

特定秘密保護法と治安維持法

鈴木　一九二三年に起きた関東大震災の二年後に治安維持法ができて、まるで相似形を成すように、東日本大震災の二年後に特定秘密保護法ができました。

関東大震災の前、一九二〇年に日本では経済恐慌*がありました。第一次世界大戦で日本は好景気にうかれ生産過剰になっていたのが、ヨーロッパ各国が戦争のダメージから回復したことで、一挙に輸出不振になりました。株価の暴落、銀行の取り付け騒ぎ、製造業の倒産などがみられます。以来、日本の経済は沈滞する一方で、労働争議も頻発していました。

そうした社会的な不安を抱える中で起きた関東大震災による混乱は、鬱積していた不安を暴力的に爆発させる方向に人びとを動かしたように思います。それが朝鮮人虐殺であり、官憲による大杉栄や、労働運動家であり劇作家だった平澤計七*らの殺戮というかたちをとって表れたのではないかという気がします。さらに、この流れから、治安維持法もできたのではないでしょうか。

経済恐慌
景気循環の最悪局面。一八二五年、イギリスの恐慌が最初の事例とされる。日本では諸説あるが、主には一八九〇、一八九七、一九〇〇、一九〇七、一九二〇、一九二七（昭和金融恐慌）、一九三〇年に起きたと見られている。最も有名なのが一九二九年十月、ニューヨーク証券取引所で起きた株価大暴落（暗黒の木曜日）を契機とする世界恐慌で、日本にも三〇年の昭和恐慌として波及、第二次世界大戦の一因にもなった。

平澤計七
（ひらさわけいしち　一八八九〜一九二三）　劇作家・労働運動家。プロレタリア演劇確立に尽力。川合義虎（労働運動家）等とともに関東大震災後の混乱の中、亀戸警察署によって拘束、近衛師団習志野騎兵第十三連隊の陸軍兵士らに警察署中庭で銃剣で刺殺される。このとき平澤をはじめ十名が虐殺された。この事件は後に明るみに出るが、戒厳令下のこととして処分者なしで終わる（亀戸事件）。

関東大震災の頃と、東日本大震災後の日本社会のムードは似ているように感じます。一九九〇年代初めにバブルが崩壊して以来、「失われた二〇年」とか言われてきた経済の沈滞期の出口が見えない中で、経済格差がどんどん広がっていました。そこに起きた震災はあまりにも大きな災害であっただけでなく、福島第一原発のメルトダウンという恐ろしい事故まで起きてしまいました。それでなくとも元気のない経済が、こんな大災害にみまわれたのではダメになってしまう、という不安が広まりました。それは、被災していない人たちにとっては、個人の生活に対する不安になっていたような気がします。

そういう不安な気分を、うまく利用している人たちがいるのだと思います。東日本大震災があって日本は不安だ、こんな日本ではダメだから、もっと強い国になろう、憲法を改正しよう、特定秘密保護法もつくろうという流れをつくったのが、そういう人たちでしょう。

安倍政権はアメリカの要請があるから特定秘密保護法をつくると言いましたが、要請がなければつくらなかったのでしょうか?

孫崎　アメリカの要請を口実にしているのです。表向きは国際的な問題、外交とか安全保障、防衛の情報を守るためということになっていますが、この法律をつくるために動いたのは警察権力です。素案をつくった内閣調査室は公安警察そのものです。この点を考えると、思想統制を目的とした治安維持法に大変、似た性格を持ってもおかしくないだろうと思います。

昭和史に精通する保坂正康*さんと対談をしたとき、たまたま治安維持法の話になりました。特定秘密保護法との対比で保坂さんが話された内容から、両者は非常に似ていることが分かります。

何が問題かと言うと、治安維持法は国体を守る、天皇陛下を守る、私有財産を守るということを旗印にして、それに対する最大の脅威であった共産党をすぐに潰しました。共産党を潰したら治安維持法は使命を終えたのではなく、それからリベラルの弾圧に回り、宗教家の弾圧に回り、権力側についていない右翼の弾圧に回ったのです。これが、軍部の暴走を許す背景となりました。

特定秘密保護法も表面的にはターゲットは外交、安全保障と言いながら、実はデモをするなど、体制に脅威を与えるグループに対抗するという国内要因で動いています。こうした点で非常に怖い状況になっていると思います。つまり、治安維持法と同様に、旗印とされている法律の対象から、どんどん対象を広げて、権力を持つ側に与しない勢力の弾圧に回っていく懸念があります。

保坂正康
（ほさかまさやす　一九三九〜）ノンフィクション作家、評論家。「昭和史を語り継ぐ会」主宰。菊池寛賞受賞。『死なう団事件』『昭和陸軍の研究』『東條英機と天皇の時代』『瀬島龍三——参謀の昭和史』等著書多数。

鈴木　アメリカの軍事機密が漏れたら困るから、アメリカが要請したのかと思ってました。

孫崎　要請はしていますが、それならば外務省が関与するだけの法律でいいわけです。あるいは外務省と防衛省の共存でいいのです。外交、軍事機密の問題なのですから、外務省、防衛省が所管する法律にするのが筋でしょう。ところが内閣調査室という、国内の「治安」だけをターゲットとしている公安警察が主導しているという点が、この法律の一番大きな問題だと思います。

鈴木　自衛隊にも警察庁から官僚が派遣されているでしょ。警察官僚の力が凄く肥大しているような気がします。

治安維持法はまず共産党を潰しました。次に、共産党や共産主義が生まれる土壌は何かといったら、自由主義だということで、河合栄治郎*などの自由主義者がどんどん弾圧されました。いまの日本を見れば、テロリストなんかほとんどいませんし、極左とみなされるような人たちだっていません。

でも、特定秘密保護法をつくった人たちや、現政権を支持している人たちは、世の中を破壊するようなテロリストがいつか生まれるかもしれないという、ある種の強迫観念があるのでしょう。自由な考え方を持っ

＊河合栄治郎（かわいえいじろう　一八九一〜一九四四）経済学者、思想家、教育者。農商務省を経て東大教授。理想主義・教養主義の立場からマルクス主義・軍国主義を批判。東大から放逐され著作も発禁処分となる。終生、ファシズム批判を貫く。『学生に与ふ』等著書多数。

ている人たちとか、あるいは市民運動に対して、露骨に反体制とか秩序を乱すものだという考え方があるのが、現在の状況です。民主主義ということで言えば、反体制と言われるような意見を持つ人がいても、何ら問題はないはずですが、そうは考えられていないように思います。

官邸前の反原発デモをする人たちをテロリストだとか、めちゃめちゃなことを言いますけれど、一部の市民にはそういう見方は完全に絵空事、狂気だとは思われていないようです。われわれ一人ひとりに秘密があるように、国家にだって秘密があって当然だ、守って当然だみたいに言うことが、国民が抱いている漠然とした不安とぴったり合っているところがあります。そういう人たちは、国家の秘密を守らないと、自分たちの生活も脅かされるように感じているのではないかという気がします。

さらに中国・韓国になめられるな、強い国家にならなくちゃいけないと威勢のいい声を上げることで、不安を持つ人たちを煽動しているのではないでしょうか？　強い国家になったらわれわれ一人ひとりも強くなれると思う、そういう錯覚を持っている人たちがいるし、またそういう方向に誘導しています。自民党のやり方は、いい悪いは抜きにして考えると、そういう意味でうまいと思います。

石破さんのように政府の中枢にいる人が、市民の平和的なデモや集会をテロリスト呼ばわりしたら、少し前までなら罷免されるのが当然だと思われていました。ところが、自分たちは選挙で選ばれた人間で、多数が決めたものに対して批判するとは何事だと居直れるのが、いまの日本の状況です。

そうなると議会制を信奉していると言うより、政治家だけが偉いのであって、市民運動や国民の権利を一切認めないということになります。

政府与党の中でも発言できない異常さ

鈴木　自民党の支持者であっても、特定秘密保護法とか憲法改正とか、いろんなものを全部含めたうえで支持しているのかというと、決してそうではありません。自民党を支持しながらも要所要所で、憲法の問題や特定秘密保護法は国民投票にかけるとか、何かチェックする機会あるいは仕組みが必要でしょう。でないと数の暴走だけで、どこまでも行く怖さがあります。

孫崎　特定秘密保護法は、拡大解釈することで思想統制ができますから、これは本当に怖いです。そういう言い方をすると悪いけれど、生まれながらに力を持って育っている人間はどこか歪むんです。ずっと自分の意見に逆らう人間が身のまわりにいないのですから、そういう人間が歪んだ末にどういう行動をとるようになるかと考えると、非常に怖いことです。世界の近現代史に登場した独裁者を見れば、その怖さは分かるはずだと思うのですが、そういう視点はいまの日本にはありませんね。

鳩山由紀夫さんと対談したときに聞いたのですが、彼が一年生議員の一九八五年にスパイ防止法案*が国会に提出されました。外交・防衛に関する国家機密に関する公務員の守秘義務を定めて、第三者に漏洩する者を罰するなどという内容ですから、特定秘密保護法と近い内容でしたが、最高刑を死刑または無期懲役とするという点では、特定秘密保護法より苛烈なものです。当然ながら、憲法で保障された言論の自由・報道の自由に抵触するものとして、問題になりました。当時は自民党の内部にも、こんな法律ができたら大変なことになると反対する人がいました。

その一人が羽田孜*さんで、鳩山さんにこの法案について勉強しなければいけないと言ったそうです。失礼ながら、羽田さんはわれわれから見るとものを考えない人だったけれど、その羽田さんがこれは勉強したほうがいいと言ったというので驚きました。それで鳩山さんは勉強して、スパイ防止法に反対するグループをつくりました。民主主義の危機であるという意識が、自民党の中にもあったのです。

このとき、自民党では谷垣禎一*さんも反対しています。スパイ防止法

スパイ防止法案
「国家秘密に係るスパイ行為等の防止に関する法律案」は、一九八五(昭和六十)年、自民党の伊藤宗一郎、北川石松などによって議員提案された。守秘義務のない一般国民も対象とし、マスコミも取材活動や海外報道などで知りえた「秘密」を漏洩した場合、五年以下の懲役となる。自民党内からも批判が相次ぎ、審議未了で廃案。

羽田孜
(はたつとむ　一九三五〜)政治家。第八〇代内閣総理大臣(在任一九九四)。蔵相・外相・農水相・副総理等を歴任。

谷垣禎一
(たにがきていいち　一九四五〜)弁護士・政治家。法相・財相・国交相・特命担当相・科学技術庁長官・自民党総裁などを歴任。

のような法律をつくるのは危険だと、かなり論理的に説いています。その谷垣さんがいまは何もできない、言えないということです。一九八五年には、自民党の中にもこんなものをやってはいけないと言うかなりの数の議員がおり、谷垣さんのような宏池会*という一大派閥に属していた人が、その先頭に立って反対意見を堂々と論じていました。それがいま、まったく沈黙せざるを得ない状況になったということです。異常な状況と言ってもいいでしょう。

宏池会（こうちかい）　自民党党内派閥の一つ。一九五七年、池田勇人が立ち上げ、以後、自民党内の有力派閥として党内外に影響力を行使した。

警察のやり方

鈴木　「フォンターナ広場——イタリアの陰謀」という映画を見たら、一九六九年にイタリアのフォンターナ広場で起こった銀行爆破事件はアナーキストがやったとされたけれど、真相は解明されていないそうです。アナーキストにネオファシストが入り込んでいて、さらに公安が関知していて、三者が入り組んだ中で起こった事件だと、映画では示唆されています。この映画の中で、ネオファシストの人たちが、社会不安が大きくなれば、憲法改正ができると言うのです。いまの日本と同じだなあと思いました。

映画の中では、アナーキストが小さな爆弾を警告のために置いた、ここにネオファシストの側がもっと大きな爆弾を加えて、多くの犠牲者が出ることになったのですが、警察は事前に察知していたにもかかわらず対処せず、逆に多くの犠牲者を生んだことを警察権力を拡大するために利用したという仮説が提示されています。

日本の警察が共謀罪*をつくろうとしています。共謀罪ができれば、事件が起こる前でも捕まえられます。ならばテロをやろうとする人間を事前に逮捕するかというと、しないと思います。世論が怖いからではなくて、そういうもったいないことを警察はしません。ある程度やらせて、そこで逮捕したほうが絶対に自分たちの得になりますから。いままでもそういうことは、いろいろありました。

例えば右翼とやくざが一緒の組織があって、薬物で逮捕状が出ている人に対しては、薬で捕まったら恥だろうと言うのです。共産党でもいいし、日教組でもいい、ちょっと爆弾を持って突っ込めとけしかけるのです。そうしたら三年で出てこられるし、薬のことは、裁判の中で出てきて刑にちょっと加算するだけだから、体裁もいいだろうと言うのです。つまり、「政治犯」として捕まえてやると。

僕だって言われたことがあります。鈴木さんは口だけで何もやっていないと批判されているから、どこかにちょっと突っ込みませんか、ぎり

共謀罪
犯罪を実行する前でも、犯罪を計画し合意した段階で共謀した者を逮捕・処罰できる法律。犯罪の共謀自体を犯罪として処罰する法律のことで、共謀共同正犯とは異なる。自民党政府は国際組織犯罪防止条約加盟のために国内において共謀罪成立をめざしている。米英には存在する法律だが、共謀段階では立法事実が存在せず、つねに拡大解釈の恐れがあり、刑法の原則に反するという懸念も強い。

ぎりの所で捕まえてあげますと言われました。一年くらい入ったら男になれるし、発言権も増しますよと言うんです。そういう悪魔のささやきをしているのです、警察は。もし僕に薬の逮捕状が出ていたら、やるでしょうね。それで国士として名が残ることになるのならば、そっちを選んだでしょう。

共謀罪にしても、やる前に逮捕するより、やってからのほうが捕まえる側にとっては効果が大きいし、世論は、こんな危ない連中がいるのだから、やっぱり警察は必要だということになります。そういう流れで、日本は憲法改正も必要だとなりますよ。

孫崎　アメリカのOWS運動*でも同じようなことがありました。反ウォールストリート集会がどんどん、あっちこっちで盛り上がっていきました。その中に警察が入り込んで過激行動をやって、実際に運動をしている人たちを全部捕まえました。デモをやっているだけでは捕まえられないので、広場を占拠している連中を意図的に煽って、どこかを襲撃させたのです。それで、一挙に捕まえるという手を使ったのですね。

鈴木　小さいままではなく、それを意図的に大きくして、捕まえるんですね。

孫崎　赤軍派と警察の関係については、どうご覧になっていますか？

OWS（Occupy Wall Street）運動　二〇一一年、アメリカ、ウォール街で大規模な抗議行動が発生。リーマンショック後の不景気の中、経済格差が広がる一方の状況に抗議するために集まった民衆から「われわれは九九％だ」という声が上がる。富裕層上位一％が全米所得の二〇％を得ており、上位一〇％が全米資産の九〇％を占守している現状に、「われわれは九九％だ」というスローガンで、圧倒的多数が圧倒的底辺に押し込められている現状と民主主義社会の機能不全への批判を込めている。

鈴木　武装訓練のために潜伏していた山荘で大量検挙された大菩薩峠事件*でも、公安がその中に入っていたと言う人もいますが、それ以前に情報が筒抜けでした。連合赤軍にもスパイがいたとか言われていますが、それはないでしょう。

百人以上が死んだ中核*と革マル*の殺し合いは、何かあると思います。どちらも、敵対する相手に殺されたのではなく、公安権力が相手方を名乗ってやったと言い合っているでしょう。警察官が中核のヘルメットを被って殺したことはないと思いますが、事前に襲撃の計画があることを察知しても、止めなかったのではないかと思います。

日本の公安は事件が起こるときに事前に止めたことは一度もありません。そんなもったいないことはしません。やらせてから捕まえます。そのほうが、公安警察にとってのメリットが大きいのです。

そういう意味で、全部知っていてわざとやらせた、黙認したものはずいぶんあったと思います。僕は、赤報隊事件*が時効になる直前に、自宅アパートに火をつけられました。そのとき、公安がずいぶん僕のうちを見張っていたと思います。その公安の目をかいくぐって犯人は火を点けたのかと考えると、公安がわざと見逃したかやらせた可能性はあると思います。あまりそういうことばかり考えると陰謀論になってしまうか

大菩薩峠事件
一九六九年十一月発生。一九六〇年代から七〇年代にかけて活動した赤軍派が武装訓練をおこなった大菩薩峠周辺（山梨県）の山中で、突入した警察当局によって大量検挙された事件。五三人が一気に検挙されたことで赤軍派弱体化。

中核
戦後日本の学生を中心とした新左翼グループ、革命的共産主義者同盟全国委員会の通称。「マルクス主義学生同盟・中核派」を自称したことに由来する。

革マル
戦後日本の学生を中心とした新左翼グループ、日本革命的共産主義者同盟革命的マルクス主義派の通称。「革命的マルクス主義派」を自称したことに由来する。

赤報隊事件
（せきほうたいじけん）一九八七〜九〇年にかけての右派連続テロ事件。実行犯が「赤報隊」を名乗っていたことに由来する。各地の朝日新聞社等を銃撃、朝日新聞阪神支局記者二名が死傷する事件を起こす（一九八

ら、考えないことにしていますが。そういう意味で、公安は小さなことで捕まえないで大きくしてから手を出します。また破廉恥罪で逮捕されそうな右翼を助けて、国士にしてやるとか、そういうことは多々あります。

孫崎　私は著書で陰謀論というか、知的な工作をいろいろするという面で、日本はあまり優れていないと書いたら、旧大蔵省の人が、あなたは日本の政治を何も知らないと言いました。日本の政治家くらい、そういう工作のうまい人たちはいない、後ろに回ってさまざまに暗躍する、それを知らないでいろいろ言ったらいけないですよと言われたのです。

鈴木　それは、政治家が警察を使って、いろいろな工作をやっているということですか？

孫崎　いや、どういうことなのか、よく分かりません。とにかくさまざまな工作をしているということでした。

鈴木　そんなに優秀ですかね、日本の政治家の人たちは？　公安をやめた連中とかに聞くと、自分がファンであるタレントの住所を警察官に教えてもらったりしているとか、政治家にプライベートなことで利用されているという話が出てきます。大臣に予定された人たちを、事前に「身体検査」をするのも警察です。そういうことで、政治家はいろいろな面で

七年、小尻知博記者殺害事件）。犯人未逮捕のまま時効成立。

警察に恩を売られているのだと思います。

右翼の人も警察にべったりな人が多い。昔、特に商法が改正されたときは、企業から金をもらっていても、株主総会などで何かあったら強要罪とかで逮捕される危険性があって、それを警察が守ってやりました。右翼の人たちはすごく警察に頼っていて、自分の奥さんに嫌われて逃げられたら、公安に捜させたりした、という話もありました。そういう関係なのです。

特定秘密保護法の時代錯誤

孫崎　国際情勢から考えて、秘密保護法における大きな問題点は、第二次大戦後の大国間における戦略が大きく変わっていることが、まったく視野に入っていないことです。
第二次世界大戦後、核兵器を持てる可能性が広がったことで、先進国の戦略は大きく変わっています。核兵器を使ったら自滅する、互いに壊滅的なダメージを受けることが明らかになって、相手を武力でやっつける戦略は、大国同士の間では成り立たなくなったのです。核兵器を持ったがゆえに、いかに戦争をしないかという点に、戦略の重点は移っています。結局、自分の戦略、自分の兵器体系、自分の兵力、これを全部、相手に知らせることによって、相手が奇襲攻撃を受けないことを確信して、こちらを攻撃しない関係をつくる方向で動いてきたのです。

一九七〇年くらいからアメリカが一生懸命にやってきたのは、自国の戦略、兵力を全部ソ連に説明することでした。この流れは、実は中国との関係においても起こっています。そういうことで言うと、軍事戦略で秘密を守らなければ国の安全が保てない、という考え方から大きく変わっています。

鈴木　公開することによって、戦争をしない関係をつくるのですね。

孫崎　そうです。世界で唯一の被爆国となった日本は核兵器を忌み嫌い、持つことも持ち込むことも拒否してきましたが、その反面と言いますか、世界の核戦略も勉強しませんでした。世界中で、核兵器を持つ国を中心に、とても大きな考え方の転換があったにもかかわらず、日本はこれについていっていないのです。

だから多くの国民は依然として秘密を守らなければいけない、中国が台頭してきたら、軍事機密を守る体制を強化しないといけないくらいに思っているのです。これは第二次世界大戦前の考え方だと言ってもよいでしょう。

鈴木　でも、国には秘密があるのは当然ではないかという意見がありますすね。

孫崎　いま言ったことと同じで、国家の一番大きな目的、国際関係で最も重要なことは、戦争に入らないことです。戦争に入らないためにどうするかを考えたときに、相手との関係において、自分たちのものの考え方を正確に知らせることが重要だということで、外交もおこなわれるようになっています。これが第二次世界大戦後の先進国間における、基本的な戦略の考え方になっています。

そこからいくと、例えば軍事力についての透明性を高めることが有効な手だてになります。米中関係はいま、確実にそういう段階に入ってきています。中国の力が増してくれば増してくるほど、対話をして、自分たちの秘密を相手に全部知らせることによって、アメリカと中国の間は戦争を避けようとしています。そういう意味で、相手の軍事力が強くなってきたときに、秘密を守って国を守るという発想は、実は大きな世界の流れから離れているのです。

核兵器が出てきた後の国際関係を勉強していない、第二次世界大戦前の日本と同じ発想をしているから、いまだって専門家らしき顔をする人たちは、十九世紀前半のプロイセン王国の戦略家であるクラウゼヴィッツ*の『戦争論』*とかを持ち出すのです。

クラウゼヴィッツ
（カール・フォン・クラウゼヴィッツ　一七八〇～一八三一）　プロイセン軍人。ナポレオン戦争時、対仏大同盟側の軍人として戦闘参加。プロイセン敗北後はロシア軍に移り戦闘を継続した。主著『戦争論』。

『戦争論』
一八三二年、初版（ドイツ語）。クラウゼヴィッツのこの主著がそれまでの戦争論と異なる点は、単なる戦術・戦略論に止まることなく、戦争とは何かという根本的分析を国民国家到来の時代情勢の中で精緻に記述し、その政治的役割も含め体系的に著している点にある。さらに武力・作戦のみではなく情報・計画の重要性にも重点を置いている。日本で最初の本格的紹介者は森鷗外。

鈴木　むしろ孫子の兵法で、戦わずして勝つということを考えたほうがいいということですね。

孫崎　そういうことが分かってくると、孫子がいかに凄いかが分かります。

鈴木　自分の軍備力といったことを公開することで戦争を防ぐというのは分かります。ただ、交渉ごとでは、かつてのような棚上げしようとか、そういう、すぐには全部公開できないようなことはあると思います。

孫崎　交渉というのは駆け引きがありますから、私は基本的に、駆け引きをやるときに出せというつもりはありません。五年か十年くらい秘密は持っていい、五年でいいだろうと思います。その後は全部公開することを原則とするべきです。

外交交渉というのは、国をつくってきた歴史でもあるわけです。なぜ、この国は、いまこういう状態なのかを把握し、理解するためにもきちんと記録して、一定期間を経て公開されることが近代国家としての大前提だと思います。アメリカでは公文書館が政府から独立したかたちで機能していますし、情報公開を求める仕組みにも政権の力が及ばない部分があります。

鈴木　アメリカは三〇年で公開するのですか？

孫崎　途中で切り換えていますから、三〇年経たないものもどんどん出てきています。例えばケネディ暗殺については、六〇年くらい経ってから公表するとされていましたが、すでに九八％くらい公開されています。アメリカはどんどん前倒しして公開しています。

国際ペンクラブのサウル会長は「日本政府の『特定秘密保護法案』は、国にとって差し迫った必要でも、実際の秘密でも、公益を守るためのものでもない。それは政治家と官僚が、過剰な秘密保全の考えと、秘密保全へのヒステリーに瀕した強迫観念の背後に隠れ、ただ市民の情報と言論の自由を弱体化させ、自らに権力を集中させようとしているものに思われる」（「日本政府の『特定秘密保護法案』に対する声明」、日本ペンクラブホームページ掲載）と述べています。そのとおりです。自分たちの失敗を隠すため、自分たちのやっている政策に正当性がないことを隠すための法律なのです。

尖閣諸島の問題で、どうして一九七八年の鄧小平副首相と園田直外務大臣の会談記録*が出てこないかと言うと、いま棚上げをしたことはないと言っている、政府の見解は間違っていることを隠すためです。北方領土問題についても、なぜ一九五六年の日ソ共同宣言に関する交渉*が出てこないのかと言えば、いまやっている四島返還を正当化するために、過去の文書を出さないように止めているのです。国益とは関係なくて、自

会談記録
一九七八年八月十日、北京にて日中平和友好条約について鄧小平副首相と園田直外相が会談。鄧側から日中間の魚釣島（尖閣諸島）大陸棚問題について「百年でも脇においておけばいい」という、いわゆる「棚上げ発言」があったとされる会談。中国側資料にはこれに該当する記録があるが、日本側には外務省公開記録には、尖閣問題についてのやりとりは記録されていない。

日ソ共同宣言に関する交渉
鳩山一郎首相とソ連のブルガーニン首相により調印された日ソ共同宣言で両国の戦争状態の終結と、国交回復が正式な条約として承認された。その一方で、平和条約については継続交渉となり、平和条約締結後に歯舞、色丹二島を日本に返還するとされた。この宣言をまとめるに至るまでの事前交渉の詳細な記録は公開されていない。

分たち、組織、個人の失敗を隠すためです。

鈴木　いま政府はそうした文書を公開するのは六〇年後と言い、もっと重要なものは六〇年経っても公開しないと言っています。六〇年経ったら、もういまの政権にいる人たちはいないから、何をしてもいいという感じでやっているみたいな気がします。三〇年、あるいは孫崎さんがおっしゃるように五年とか一〇年で公開しなければ駄目でしょうね。

ぎりぎりで交渉しているときに、全部テレビで放映する必要はないと思います。それはある意味で誘拐報道と同じだと思います。誘拐報道は、リアルタイムでは出さないけれど、新聞記者やメディアはみんな知っています。だから、政治的な問題、あるいは軍事的な問題についても、新聞やテレビの記者はみんな知っている、だけど五年間あるいは一〇年間は公表を差し控えてくれと、それでいいのではないですか。

領土問題と在日米軍

鈴木　領土問題に絡んで、例えば海上自衛隊に人的損害が出たり、艦船が傷つけられたとなると、日本は引けなくなる、戦闘状態に入るという危険性はないでしょうか？

孫崎　重要なことは、武力衝突にしない道があるということです。

尖閣諸島について言えば、日中船舶協定があって、この協定は相手側が違反しても、こちら側の公権力は捕まえない、後々、もし必要だったら外交的に話し合って解決するという枠組みです。この枠組みを壊したのが、二〇一〇年の日中船舶衝突事件*で日本が中国の漁船を拿捕したことです。この事件で重要なのは、日本政府が国内法で対処すると決めた点です。

一九九七年に日中漁業協定*が改定されて、二〇〇〇年から新しい漁業協定が施行されましたが、そのときに北緯二七度以南の地域も日中漁業協定の対象にしました。つまり尖閣諸島を、新しい漁業協定の対象領域に入れたのです。尖閣諸島にどう対応するか、あるいはその領有権については、漁業協定には書いていません。北緯二七度以南の地域に対しては、日本は国内法を適用しないという手紙を中国大使に出しています。たぶん、中国側も同様の内容のものを日本側に出したと思います。

それを前原誠司*さんが外務大臣のときに変えたのです。あのとき、国内法で逮捕に行かなければ、中国の漁船は黙って出て行ったはずです。国内法を適用するということは、領海侵犯だから捕まえるということです。言い換えれば、尖閣諸島の領有権を主張することです。漁業協定というかたちで衝突回避の道筋があるにもかかわらず、ある意味で前原さ

日中船舶衝突事件
二〇一〇年九月七日、尖閣諸島付近にいた海上保安庁の巡視船に中国漁船が衝突した事件。海上保安庁は漁船船長を公務執行妨害で逮捕し石垣島へ連行。国内法に基づいて起訴する司法手続きの方針を決定するも処分保留で釈放、中国へ送還された。

日中漁業協定
正式名称「漁業に関する日本国と中華人民共和国との間の協定」。排他的経済水域には相互許可入漁。尖閣諸島の境界画定については交渉継続とし、当面、北緯三〇度四〇分から北緯二七度の間で、東西が両国から五二カイリにあたる線に囲まれた東シナ海水域を暫定水域として両国による共同規制措置を導入することとし、暫定規制水域の北側に許可なしに操業できる中間水域を定めた。また資源管理措置は日中漁業共同委員会による継続協議とされた。

前原誠司
(まえはらせいじ　一九六二〜)政治家。国土交通相・沖縄及び北方対策担当相、外相、特命担当相等を歴任。

んが衝突を望んだのだと私は思っています。

鈴木　望んだのですか？

孫崎　そうです。普天間基地の県外移設を口にした鳩山首相は潰されました。鳩山政権を潰さなければならないくらい、これは大きな問題だとあるグループは思っていたのです。鳩山さんを潰したけれど、その年の十一月に沖縄知事選が予定されていました。この選挙は放っておくと、在沖縄米軍撤退論を掲げていた伊波洋一*さんが勝つ可能性がありました。これを止めなければいけないわけです。伊波さんに対するテロみたいな活動は逆効果になるから、伊波さんを物理的に排除するわけにはいきません。では、どうしたら米軍撤退論に勝てるかといえば、沖縄の近隣で紛争が起こることなのです。

米軍基地の問題にはいくつかの転換点があります。その最初が、一九七八年に福田赳夫*内閣の防衛庁長官だった金丸信*によって、日本政府が米軍駐留費用を負担する「思いやり予算」が導入されたことです。負担金はふくれ上がる一方で、為替レートの変動によって日本円換算では減ったように見えるかもしれませんが、アメリカ側は日本から減額を申し入れても拒否し続けてきました。防衛省の資料によれば、二〇一四年度の予算は一八四八億円です。

伊波洋一
（いばよういち　一九五二〜）政治家。沖縄県議、沖縄県宜野湾市市長等を歴任。二〇一〇年、沖縄県知事選に出馬。

福田赳夫
（ふくだたけお　一九〇五〜九五）官僚・政治家。第六七代内閣総理大臣（在任一九七六〜七八）。蔵相・外相・農林相・経済企画庁長官・副総理等を歴任。

金丸信
（かねまるしん　一九一四〜九六）政治家。副総理・建設相・防衛庁長官・国土庁長官等を歴任。「思いやり予算」は在日米軍基地に勤務する日本人労働者の福利厚生費の一部を負担することから始まった在日米軍関連経費のこと。当初は円高ドル安への配慮を契機としたが、現在も日本の防衛省から出されている。

二〇〇一年九月十一日の同時多発テロによってアメリカが始めたアフガニスタン侵攻に伴い、もちろん、在日米軍基地からも多くの兵士がアフガニスタンに送り込まれました。日本はこのとき、インド洋に補給艦と護衛艦を派遣しています。また、アフガニスタンではアメリカは日本に輸送分野で活動することを望んだのですが、輸送分野をやればここに攻撃がきます。これと戦わなければならないということで輸送分野といっても結局は戦闘に入っていくことになります。

さらに二〇〇五年、小泉純一郎政権下で、アメリカと弾道ミサイル防衛システムの共同開発・生産を認めるということで、武器輸出三原則*の緩和がありました。

そうした流れから見ると、日米の軍事関係者にとって、尖閣諸島周辺海域で中国漁船を拿捕した事件は大変プラスだったと言えます。紛争があれば、在日米軍の存在意義が高まるからです。

そうしたことを伊波さんと話す機会がありました。尖閣諸島問題は選挙戦に大きく影響したでしょと訊くと、それもそうだが、もう一つ大きな打撃となったのは、二〇一〇年十一月に起きた、韓国・延坪島《ヨンピョンド》に対する北朝鮮の砲撃*だったということでした。北朝鮮の砲撃によって、韓国では犠牲者も出ました。あれで、やっぱり日本を守ってくれる米軍が

武器輸出三原則
一九六七年、佐藤栄作内閣による閣議決定で(一)共産圏、(二)国連決議で武器禁輸になっている国、(三)国際紛争の当事国あるいはその恐れのある国には武器輸出をしないことを決定。七六年、三木武夫内閣でも三原則の遵守を継続、八三年に対米武器技術供与は例外に定める。二〇〇五年、ミサイル防衛に関するアメリカとの共同開発・生産も三原則の例外に追加した。

北朝鮮の砲撃
二〇一〇年十一月二十三日、北朝鮮より南北軍事境界線の近接海域の韓国領延坪島に砲撃がおこなわれた。韓国軍人二名死亡、一五名が重軽傷、民間人二名死亡、三名が負傷。

必要だという話になったというのです。

交渉のパイプがない現在

鈴木　尖閣諸島にある灯台は、一九七八年に右翼団体である日本青年社の人たちが行って、建てました。一水会の現代表の木村三浩さんもそのとき一カ月以上くらい現地にいて、さらにその後にも補修に行ったりしていますね。活動家だけではつくれないから、大工さんとかも連れて行ったんですね。食糧を一カ月、二カ月分用意して、いざとなったら食べるつもりで、つがいの山羊を連れていったのをそのまま残してきたら、いま増えて六〇〇匹になって、あそこを占有しているといいます。そんなに大勢の人たちが行って灯台を建てて何カ月もいたのに、特に中国側と衝突があったわけではありませんでした。いまだったら戦争になっているでしょう。あのときは、どういうふうに両国で話し合いをしたと思いますか？

民間人がやっていることだから中国側が黙認したのか、あるいは中国は民間に対して、そうした情報を開示していなかったから、問題にされなかったのか分かりませんが、お互い戦争をしかけずにやったのは、凄いなあと思います。活動家の人たちは攻められてもいいくらいの気持ちを持っていたでしょうけれど、大工さんとか一般の人の中には精神的にパニックになった人がたくさんいたそうです。あそこに一カ月もいて、いつ攻められるか分からないと言われていたのですから、当然でしょう。

いまになってつくづく感じるのは、二度と戦争はしないという話し合いができるパイプが、日中の政治的レベルにあったのだろうということです。韓国とはもっとツーカーの関係があったでしょう。どこまで認めるのか分かりませんけれど、何か落としどころはあった、そういう話し合いができたのだと思います。以前は自民党の中にたくさん派閥があって、中国に強い議員がいたり、韓国に強い議員がいて、それぞれのパイプを動かしていろいろな交渉ができたと思います。現在、それはないのでしょうか？

孫崎　残念なことにそういうパイプ、人と人との繋がりが本当になくなってしまいました。中国のトップに対して、例えば周恩来*へのパイプはさまざまな人が持っていました。高碕達之助みたいな経済人、公明党の竹入義勝*さん、それから自民党にもと、いろいろなパイプがありましたが、いま習近平とのパイプがある人はいません。習近平とのパイプは、本来的に言えば小沢一郎*さんが持っていたけれど、小沢さんを潰すことで、それを切ってしまいました。いま習近平と対等に話せる政治家はいない

周恩来
（しゅうおんらい・じょうおんらい　一八九八〜一九七六）政治家。首相（国務院総理）等を歴任。中華人民共和国建国者の一人。対日外交・対米外交をはじめとしてバンドン会議（アジア・アフリカ会議）に出席するなど外交にも手腕を発揮した。

竹入義勝
（たけいりよしかつ　一九二六〜）政治家。衆議院議員、公明党中央執行委員長等を二十年以上にわたり務める。日中国交回復に尽力。

小沢一郎
（おざわいちろう　一九四二〜）政治家。自治相、国家公安委員会委員長等を歴任。田中角栄に政治を学び衆議院議員を四十年以上務めるが、その間、自民党から離脱、さまざまな政党をつくり政局に影響を与えてきた。

でしょう。
尖閣諸島の問題を解決しようと思うのならば、日本国内における主張をいかに低く抑えるかによって、初めて合意点ができるのです。どこまで相手の主張を取り入れるかを考えざるを得ないというような姿勢は、いままったく見えません。この問題をこじらせる発端をつくった石原慎太郎*さんが典型的な例ですが、こちらの言いたいことを言えばいいというのは、解決を本気で意図していない人たちです。

アメリカと東アジア

鈴木 アメリカが安倍政権の東アジア政策に批判的なのは分かりますが、最近では議会などに中国、韓国がずいぶん働き掛けているように見えます。中国、韓国は戦前からアメリカ議会を動かしていたのでしょうか？

孫崎 われわれが見落としている大きなポイントは、アメリカ社会における中国系と韓国系のコミュニティの勢力が強くなっていることです。それぞれが完全に政治勢力をつくっているから、無視できないのです。このグループの存在感が大きい地域の議会では、議員たちにとって次の選挙を勝つための重要な票田であり、その人たちの支持が欲しいわけです。そういう論理は、日本の選挙とまったく変わらないと思います。

*石原慎太郎（いしはらしんたろう 一九三二〜）作家、政治家。運輸相、環境庁長官、東京都知事等を歴任。参議院・衆議院両院で議員を歴任。作家としては『太陽の季節』で芥川賞受賞。

ロビー活動で力を持つグループの主張に対して早く行動をとらないと、現在の政権が突き上げられる可能性があります。アメリカ国内の政治状況が、pro-中国（中国コミュニティ寄り）、pro-韓国（韓国コミュニティ寄り）になっているのが現実です。

鈴木　アメリカには日本人、日系人も多いでしょう？

孫崎　日本人コミュニティと中国人・韓国人コミュニティはまったく違います。日本は戦犯国だった。これはとても大きいことなのです。一九八八年、戦時中に強制収容されていた日系人に対して初めて賠償金*が出ることになりました。それまで、日系人は敵だったのです。だから、二世・三世の日系人はいかに日本政府と距離を置くかという問題を考え、「日本人という点をできるだけうすめる」ことでアメリカ社会で生きてきました。

私は一九九九年にカナダに行ったのですが、カナダに日本人会ができたのがその頃なのです。それまでは敵国という扱いだったから、日本人会はつくれなかったわけです。北米の社会における日系コミュニティは、そうした立場にありますから、現在も日本という国のために動くことは難しいでしょう。

鈴木　アメリカ社会での中国・韓国と、日本の存在感は違うということで

賠償金
第二次世界大戦中に発効した大統領行政命令により一九四二年二月から裁判や公聴会なしに、一二万人以上の日系アメリカ人を西海岸から強制的に立ち退きさせた。そのほとんどがアメリカ生まれの二世で市民権を持っていたが、砂漠地帯等僻地の強制収容所に送られた。終戦後の四八年、日系アメリカ人立ち退き補償請求法で三八〇〇万ドルの補償がされるも全被害をカバーするものではなかった。八三年、戦時市民転住収容に関する委員会が「否定された個人の権利」報告書を発表。生存する全被収容者への賠償勧告をした。八八年に成立した「市民の自由法」によってアメリカ政府の公式謝罪と、生存する被収容者への補償が実行される。

すね。

孫崎　中国系・韓国系の人たちは、アメリカ社会で自分たちの存在を主張して、社会を動かす力になろうとしています。二〇〇八年にブッシュが韓国に行ったとき、アメリカ政府が竹島を韓国領として認めています。韓国コミュニティに力があるから、ブッシュを動かすようになったのです。中国あるいは韓国が働きかけているというより、アメリカ国内の中国コミュニティ、韓国コミュニティが動いているのです。ユダヤコミュニティが典型ですが、彼らが動けば政治勢力として無視できません。

中国コミュニティからはすでに政府機関の長官が出ていますし、閣僚級の人が出るくらいの勢力を持っています。そういう意味で、日中、日韓関係についても、単純にどちらが正しいかだけではなく、アメリカの国内勢力として中国系・韓国系のほうが圧倒的に日本系よりも強いのです。将来、日中、日韓の問題が出たら、白紙であれば日本に不利なかたちでアメリカが動くことを、考えに織り込んでおかないといけないでしょう。

アメリカという国がどう動くかについて、カナダ人が言ったことが印象に残っています。「千人のカナダ人が発言するよりも、一人のアメリカ人が発言したほうが強い」と言うのです。どういうことかと言えば、カナダ人がいくらカナダで騒いでも、アメリカは動かせないが、一人のアメリカ人がこうすべきだと言ったら、アメリカ政府は動くということです。そんなふうに言われるほど、アメリカ人の発言のほうが、国外の人間の言うことよりはるかに重要なのです。

そこに正義があるかないかではなく、アメリカ国内にどれだけ政治勢力を持っているかが決め手になります。そうすると、日本はとても弱い立場にあるということを認識しなければいけません。そのような認識を持っている人は、おそらく日本国内にはいないと思います。アメリカは日本の友だちだなんて言っているのですから、おめでたい限りです。

領土問題に対する冷静な視点

鈴木　かつて赤尾敏さんは竹島について、日韓の友好に邪魔だったらダイナマイトで沈めてしまえと言われました。ある意味で一つの、棚上げ論だったのかもしれません。

孫崎　棚上げ論に通じていますね。不毛な領土論ですから、赤尾敏さんは非常に現実的にものを考える人だったのかも知れません。

鈴木　いまでも、個人的に話しているときには、あんな無人島は中国・韓国にやってしまえばいい、共同管理にすればいい、あるいは棚上げしておけばいいと言う人はいます。ならば、そういうことをテレビで言ってくださいと言うと、そんなことを言えば殺されるからと、決してマスメディアではそういう発言はしません。

孫崎　棚上げにしたのだから、それで折り合いをつけようと言っただけで、国賊と言われるのですから、それだけでも日本の社会がいかに異常になっているか分かります。

尖閣諸島に関して、第二次大戦で日本が負けたところから、どういう扱いがされたのか、国際的な認識の経緯をたどってみましょう。一九四五年のポツダム宣言で日本の領土は北海道・本州・四国・九州と、連合国の決定する島とされ、その他の島々は連合国軍が駐留することになりました。一九七二年に沖縄を返還するときには、アメリカは尖閣諸島は中立だと言ったのです。ということは世界中の観点から言うと、尖閣諸島は日本のものでも中国のものでもないというのが基本的な見方です。

そして日本は防空識別圏を持っています。中国はいままで持っていなかったのを、二〇一三年十一月、日本と同じように防空識別圏を設定しました。アメリカは、これは緊張を高める行為だからけしからんと言ったけれど、識別圏の設定自体をおかしいとは言っていません。中国が設定してすぐに、外交と軍事のチャンネルで中国との対話を始めています。

同時にアメリカの民間航空機には、中国の識別圏を通過する際は通知をしなさいと言っています。

日本の国会で中国の識別圏非難決議と、即時撤退声明を出したとき、反対する議員が一人もいませんでした。たぶん世界各国の識者に一番いい解決方法を聞いたら、両者が防空識別圏を設けるのは仕方ないが、緊張を高めないためにどういう手を打つかを考えるというのが、基本的なところだと思います。この感覚が日本の国会にはゼロということです。

それくらい、いまの日本は歪んできているのです。歪んでいるのに、その方向と違うことを言ったら、本当に殺すぞと言われそうな雰囲気があります。怖くて政治家は誰も本音を言えない状況です。国民の意識がそのようになったのは、マスコミが丁寧に現在起こっていることを説明しない、逆に危機感を煽っていることが大きな問題でしょう。

対立を解決する視点

鈴木　話は飛躍しますが、戦前の領土問題、満州国を抱えた日本で、もし孫崎さんが全権の外務大臣だったら、どうやって中国、また利害が対立する欧米列強諸国との問題を解決したでしょうか？

孫崎　あの時代で一番重要なポイントは、アメリカがどう見ているかでした。アメリカが自分の権益から考えて、どこまで許せるかを、まず判断しなければならなかったのです。もし私がその時代に何かやるとすれば、アメリカが中国に対してどれくらいの権益を感じていて、日本の中国への進出をどの程度ならば許せるのか、あるいは、場合によったらアメリカとどう連携していけるのかを探ったでしょう。

アメリカが自国の権益からどのように判断して、行動するのかという例として、私の経験をお話しします。私は一九九九年からイラン大使をしていたときに、穏健派だったハタミ大統領*を支援していました。ハタミ大統領が日本に来たときに、世界屈指の埋蔵量のあるアザデガン油田の開発権を日本は得ることができました。これに対するお返しとして、日本はどのようなかたちでイランに貢献するかを考えなければなりません。イランが出してきたのは、中央アジアからパキスタン国境沿いに鉄道を敷きたい、これに協力してほしいということでした。イランのパキスタン側はあまり人が住んでいなくて発展していません。この地域を発展させるために鉄道を敷くプロジェクトが提案されて、日本側は基本的に支持してもいいとなりました。

しかし、このプロジェクトを日本が全部やったら、アメリカが潰しに来ることは分かっています。それで、この事案に関わった商社が提案

ハタミ大統領
（セイイェド・モハンマド・ハタミ　一九四三〜）　イランの政治家。一九九七〜二〇〇五年、イラン・イスラム共和国大統領を務める。

してきたのは、鉄道で採用する機関車をGE（ゼネラル・エレクトリック社）*に発注して、アメリカにも儲けさせようということでした。そういう計画案にしたら、すぐにGEの人間が飛んで来ました。アメリカがOKと言わないとすべて潰れるので、機関車はGEのものを買う、大きな利益があるのだから、ホワイトハウスに工作してくれと交渉しました。GEの人間は、「分かりました。一週間くらいでいい返事をします」と言ったのですが、結局、駄目になりました。最終的にアザデガン油田の利権は、アメリカによって放棄させられたのです。

鈴木　どうしてですか？

孫崎　ユダヤ・ロビーが反対したのです。イランにGEが入ると、経済権益ができてイランとアメリカの関係が良好になる。それは見過ごせないということです。

もし私が満州に関わったとしたら、まずアメリカの経済権益の中枢を担う連中のところに行って、あなたたちはどのくらい本当に中国に進出するつもりなのか、日本とどういうかたちで手を結べるのか、という点を調べたと思います。自分だけ得しようと思ったら、うまくいきません。向こうも金儲けしたい、われわれも金儲けしたいのです。プロジェクトができて共同でやれば両方が金儲けできるけれど、日本だけでやろうと

*GE（ゼネラル・エレクトリック社）　十九世紀末、発明王トーマス・エジソンの創業に始まる。二十世紀になり電気電子機器の総合メーカーとして巨大プラントから家電まで幅広く手がけた。さらに化学素材・軍事産業・原発・航空機産業等を経て金融やインフラ産業、かつ情報産業にまで事業を拡大。その一方、家電部門の売却なども進める。巨大コングロマリットの「最強企業」として現在も世界的に有名。

するから、向こうが潰しに来るのです。

父が働いていた満州の鞍山製鉄所についてはすでにお話ししましたが、日本国内より大きなものをつくったのですから、日本としてもそう簡単には引けません。しかし、行く前にアメリカなど、中国での権益を持つ国とどう接点を持っていくのか、外国は外国なりの利益がある、それを勘案しながら行動するというパターンがありませんでした。言うまでもなく、中国の人たちが、そうした列強諸国の進出・侵攻をどう捉えていたのかは、まったく眼中になかったでしょう。

いまの安倍政権も同じです。「自分はこうしたいから、こうする」というやり方でしかありません。自分がこうしたら、周りがどう反応するかは何も考えていません。いま、すべてがそういうかたちで動いているのではないでしょうか。彼は日本の防衛力を高めると言います。しかし、日本が防衛力を上げたら、必ず中国も対抗して防衛力を増強します。そのときのバランスがどうなるか？　安倍政権とそれを取り巻く人たちは、まったく考えていないでしょう。

まるで「いま自分たちがやりたいこと、やるべきと思っていることはやるけれど、後はどうなろうと関係ない」と考えているかのようなやり方です。こちらが動けば、必ず相手は何らかの反応をします。それを考えないで、政治や外交ができるのでしょうか？「このように動いたら、相手がどのように動くのか？」。それを考えたうえで、その行動が日本にとってプラスかマイナスか？という総合判断がないのです。しかし、これは危険なことです。その先に何が待っているのかということは、歴史をみれば明らかではないですか？

中国をどう見るか

鈴木　戦前はアメリカを冷静にしっかり見なければいけなかったのに、ともに見ていなかった。だから無謀な戦争に突入したわけですね。では、いまの日本がきちんと見なければならない相手は中国なのでしょうか？

孫崎　中国に対する視点として、いくつかポイントがあります。すでに言いましたが、二〇一〇年に中国の工業生産高はアメリカを追い抜きました。これを知っている日本人はほとんどいません。世界を見るうえで、これは基本的なデータなのですけれどね。

工業生産高で中国がアメリカを追い抜き、それに付随して鉄鋼の生産高は中国が世界一になっています。残念ながらそうした基本的なデータすら見たくないというのが、いまの日本です。経済的に数字をはじけば、アメリカが二％の経済成長、中国が七％の経済成長で、購買力平価ベースでは二〇一八年に中国がGDPで上に行くと予想されています。

しかし、そんなことは起こりえないと日本ではみんなが言っています。なぜかと言えば、中国は腐敗している、賄賂の社会で地方が混乱しているということだけを注視しているのです。

鈴木　なんだか、戦前に、アメリカは自由主義で国のために国民が戦い続けることなんかないと思い込んでいたのと似ているような気がしますね。

孫崎　そういう面があると思います。かつてアメリカの力が見えなかったのと同じように、いま中国の力が見えていません。

福澤諭吉の脱亜論は、中国と韓国は潰れる国だから仲良くしても仕方ないと言ったのです。道義的とかいうことではなく、潰れる国とは手を結ばないで、勢いのある西側と手を結ぼうと言ったのです。いま諭吉がいたら、中国・韓国は世界の中心になるから、彼らと手を結ぼうと言うでしょう。

鈴木　中国・韓国に対するテロに等しい週刊誌の言論が売れて、国民が読んで気分がすっきりしたとか思っているというのは、なんか浅ましい国民ですね。

孫崎　そうですね。隣に二軒の家があって、そのお隣さんがどんどん豊かになって力を持ってきたら、あそこの奥さんにはこんな問題があって、息子さんには実はこんな問題があってと誹謗中傷するのと同じ次元ではないかと思います。

鈴木　『通販生活』で菅原文太*さんが、中国や韓国を入れてアジア連合をつくろうと書いていていました。EUならぬAU、アジア連合ですね。

孫崎　その発想はいいですね。菅原文太さんは特別に国際政治とかを勉強してきた人ではないにもかかわらず、この人がいまのオピニオンリーダーだと言えるほどです。もちろん文太さんは素晴らしいのですが、日本の他のオピニオンリーダーが駄目になっているということでもあります。最近の学者は特にひどいと感じます。マスコミは政府におもねり、学者があまりにも御用学者になっています。

菅原文太
（すがわらぶんた　一九三三〜）俳優。多くの任侠映画や「仁義なき戦い」「トラック野郎」シリーズ等の記録的ヒット作に主演。戦後日本映画界を代表する俳優。現在、農業を営みつつ、「いのちの党」代表を務める。

現実を直視する勇気

孫崎　伊丹万作さんは戦後に発表したエッセイ「戦争責任者の問題」で、みんなが実はだまし、だまされ戦争に加担した、戦争に行ったのは軍人だけではなく、それぞれがそれぞれの分野で戦争に貢献した、自分たちが加担したことを直視できない国民は、また同じ過ちを犯すと書いています。いま、まさにその状況に入ってきたと思います。

いま国民は何をしているのか、感じているのか。原発はどこか間違っているということを見ないようにしている人が大半でしょう。原発が全部止まっていたって、電力は足りているのに、原発がなければ日本経済は潰れてしまうといわれると、それは大変だとしか思わないのです。現実を直視していません。

ＴＰＰにしても、アメリカ主導の貿易協定であって、少し考えてみれば日本は貿易における国家主権を失うということが分かるけれど、それも見ないようにしています。

しかも、現実を直視しないという姿勢は、エスタブリッシュメント、上へ行けば行くほどひどくなっています。本来、日本の主権を守るための重要な仕事を担っている人たちが、主権放棄に向かっているというのは、たいへん恐ろしいことだと思います。

鈴木　かつては政治を語る言葉に理想があったし、夢がありました。非武装中立とか、有事駐留、棚上げとか言うことができました。いまはみんな威勢のいいことだけ言って、立ち止まって考えたりここは引こうという考え方は、卑怯だと思われるらしいですね。敵がいくら強くても、それに立ち向かって行って、自爆して、玉砕するほうがかっこいいと思っているような人間性・民族性なのかと思ってしまいます。

国民は自分たちは歴史を知っていて、賢くなっているなんて思い上がっているのではないでしょうか？　日本は悪くなくて外国が悪い、そういう連中をやっつけなくちゃいけないと言う人たちがいます。慰安婦の問題など、アジアで戦争をしていた時代のさまざまな問題に対して、日本は何も悪いことをしていないのに、一方的に悪者にされているなんて思い上がっています。それは保守ではなくて、過去を見る勇気がないということです。

一人ひとりが、もっときちんと勇気をもって過去を見る。いろいろ失敗もしたけれど、その失敗も含めて日本が好きだ、愛おしい、それで頑張っていこうということでないと、本当の愛国者ではありません。いつまでもどんどん経済成長していくんだ、中国・韓国、邪魔する人間には立ち向かって戦っていくんだというのでは、まったく反省がないし、進歩していないと思います。

孫崎　お話を聞いていて思い出したことがあります。以前、たまたま暴走族が暴れているところに居合わせ、注意した人が殴られて亡くなった事件がありました。これをどう評価するかを考えたときに、その場ではいろんな対応の仕方があったと思います。その人が現場に行って対応する、あるいは公権力が対応することもあるでしょう。公権力の場合には仕返しされることはありません。自分が何をできるかということは、相手との力関係によって考えるという発想もあります。何がいいかは分かりません。多くの日本の国民は、自分が行かなくても、暴走族が日本を制覇するとは思っていないし、警察が対応すると思っているでしょう。

同じように、国際社会において何かおかしいことが起こった場合も、自分が現場に行って対応しなければ解決しないという問題ではないのです。日本だけではなく、世界全体がある武力的な行為に対して、例えば経済制裁など、いろんなマイナスを与えるかたちで抑える手段がありますす。国際社会でおかしなことをする、ならず者的な国家が出てきたときに、対応するのは体を張ることだけではなく、むしろいまの社会では、各国が保持する経済力といったもので抑えるほうがはるかに効果的です。

そのように考えると、軍事には軍事で対抗するという手段だけではない。特にわれわれと相手の軍事力を考えて、こちらが圧倒的に弱い場合に、自らその現場に行くのがいいのか、そこは国際社会の手段に委ねて、彼らが動きやすいように側面的に貢献できることがあれば、貢献するようなかたちがあるのではないかと思いました。

鈴木　政治家や外交官は、自分たちの主張や利益を一〇〇％追求するだけでなく、国として動く場合は格好悪いことや妥協がたくさんありますね。

目的と手段

鈴木　いまの安倍政権が目指しているものは、アメリカの愛国者法*に感じが似ているような気がします。自分たちは愛国者だ、愛国のためならば人殺しだろうが何だろうが、正義の行動になるのです。そこには国を愛するのか愛さないのかという二者択一しかありません。そして、愛さない人間は非国民だとみなされます。

でも、国を愛そうが愛すまいが、そこに住んでいる人を守るのが国家というものです。まだ全共闘時代のほうが、愛国者でなくても自由にものが言えました。愛国心なんてものがあるから戦争が起きるとか、堂々と言えました。非武装中立だって言えました。いま、そういう理想を言う自由はありません。みんな現実論で小さくまとまってしまって、この国を愛するためにはどうすればいいか、なめられないためにはどうすればいいか、どう戦えばいいか、戦争も辞さずという言葉だけになっています。戦争するなんて簡単に言っていい言葉ではない。

いま、戦争できる国にしようという背景には、もしかしたら、人を殺していない、自衛隊員が死んでいないことに対する、ある種のコンプレックスがあると思います。しかし、そもそもそんなコンプレックスを抱

愛国者法
二〇〇一年、「9・11」テロ事件後のブッシュ政権下で成立。裁判所などの司法手続きを経ないで国家がテロリストと疑う人物・団体などの人権を大幅に制限し、拘留・監視・盗聴・財産の凍結などをおこなえるようになった。また、飛行機搭乗拒否や、国外追放も可能になった。時限法であったが、修正を加えられながらも現在も延長されている。

くのは、おかしいのです。国として他国の人を殺していない、自国民も殺されていないというのは、誇るべきことです。

孫崎　一つ言えることとして、目的と手段を考えるということがあります。民主主義的な考え方は、手段に着目していると思います。言論の自由、さまざまな立場からの言論が花盛りであるという手段です。言論は正しいことを言う、正しいものを育成していかなければならないから、正しいとされる言論以外は排除するという観念になったとたんに、社会はおかしくなります。これまでの歴史に見られる、暴走する政権は、すべて異なる意見を排除してきたのではないですか。

かつてアメリカの経済学者のクルーグマン*は、非常に怖いのは、自分が正しいと思っている人が国の中心のイデオロギーになることだと言っています。たぶん共産主義を最初に始めた人は、共産主義が正しい方向に社会を導くと思っていたでしょう。正しい方向に育成することを思いながら、結局はスターリン体制になったわけです。この種の逸脱は昔からあることで、ヨーロッパ中世の宗教でも似た事例があったことは有名でしょう。カトリックであろうがプロテスタントであろうが、自分たちの考え方が正しいから、正しい考えに沿った世の中を実現するためには、手段がおかしくても、容認するという発想になります。異端審問や宗教

*クルーグマン　（ポール・クルーグマン　一九五三〜）アメリカの経済学者。国際経済学専攻、ノーベル経済学賞受賞。

裁判・戦争などについて、昔の人は愚かな間違いをした、という理解だけではいけない。現在も克服されていない、深刻な問題です。

われわれが気をつけなければいけないのは、その思想・目的が何であれ、手段として人を殺すのはよくない、言論を封じるのはよくないということです。手段の善悪を考えることが重要です。観念的な目的から切り離して、社会的道具・手段である言論や表現活動・思想表明などの自由をしっかり守っていくことが必要でしょう。

観念的な目的だけ押し通すと、中世の魔女狩りや現代ソ連のスターリン体制などの過ちを繰り返してしまいます。例えば、さきほども議論になりました、天皇制を守るための考え方でも観念的に暴走してしまうと、天皇制的でないものを全部排除するという極端な考え方になります。そういうふうに現実を見失ってしまうまで観念的に煮詰めてしまうのではなく、行動の善悪でもって社会を規律していく。そのほうがいいのではないでしょうか。

自分がやっていることを支える価値観が正しいと思い始めたとたんに、手段を正当化してしまう。そうするから、行動原理が暴走してしまうのです。自分の思っていることを、あまり正しいと思い詰めないことです。それより、手段が正しいかどうかについて、議論をすべきです。

鈴木　いま日本ではさまざまなことについて議論が必要な時代になっています。例えば原発の是非といったことをめぐっても、「みんなが好き勝手なことを言っていたら、日本はどうなるんだ！」と思い詰めている人たちがいます。それが人民レベルだったらまだいいのですが、政府のレベルでそのような考え方をすると、「政府の方針と違う、勝手なことを言う連中は取り締まらなくてはいけない」「反対意見を野放しにすると危ないから何とかしなければならない」といった方向になっていきます。「デモなんか勝手にやって、世の中を変えられたらどうするんだ」という人たちが現実にいます。「投票で選ばれた国会議員だけが、国政に対する正統性を担っているのだから、その人間が集まって決めたことに対して反対するのはおかしいではないか」という理屈です。

しかし、それは大変危ない話です。確かに、いろんな人たちが好き勝手なことを言っていたら、どうなるか分からない。もしかしたら危ないほうに行くかもしれません。でも、それが民主主義です。そういうことが分からなくて、自分たちだけが日本の将来を心配して、分かっていると思い込んでいる人たちがいます。自分たちのやろうとすることに異議をとなえ、勝手なことを言っている奴は取り締まらなくてはいけないという人たちが、いま政権を握っています。国家そのものが右翼団体化、あるいは極左団体化しています。

愛国とは何か

孫崎　なぜ特定秘密保護法をやらなければいけないか、堂々と正論で議論できる人がいないほど、締め付けが進んでいる怖さがあります。

それが顕著に出たのが、沖縄です。沖縄の県民はほとんど普天間基地の辺野古移設*に反対です。自由に本音を言えれば、絶対にそうなります。ところが、まず自民党県連が中央から圧力をかけられて、辺野古移転を支持するということになりました。そして、知事も懐柔され転向させられたのです。沖縄の人びとが本当に本心から辺野古移設で賛成と思っているのかと言ったら、違います。本当は違うけれども、政治的・経済的なさまざまな圧力をかけられて、沖縄の本当の願いが抑圧されています。

沖縄の基地問題だけでなく、圧力がかけられて自由にしゃべれない、自由に行動できないことが、いまの日本の社会では急激に増えてきています。それは殺されてしまうとかいう極度の暴力ではありませんが、それぞれの人間が生存していくために、これをやられたら困るというところにまで踏み込んでいます。金とポストで行動をねじ曲げているのです。いまの日本の社会は、そういうものになってしまった。私たちはこの状

*辺野古移設
沖縄県宜野湾市の米軍普天間基地の移転問題。基地が住宅密集地にあるため、危険軽減を目的に沖縄県名護市辺野古への移転が計画されてきた。県知事・名護市長も含め辺野古移設案で合意したものの、民主党・鳩山政権下で「県外移設」を模索。それを契機に地元住民の辺野古移設案反対の声が高まる。名護市では移転計画反対の市長が誕生。現在も反対運動が続いている。

況を何と考えればよいのか？　端的に言って、いま日本社会を覆い始めているのは、全体主義・ファシズムではないでしょうか？

鈴木　大きな暴力ですね。そもそも、国家とは何だったのか？　一人ひとりがみんな自由で、不安なく生活するために国家をつくったはずです。まず第一に国家があって、それに従わせるために人民がいるわけではありません。だから、社会主義国家のように国家がイデオロギーを持って、それに人民を従わせるのはおかしいと思い、われわれはこれにずっと反対してきました。その立場は日本を考えるときも同じです。例えば、産経新聞が出した憲法改正案の道義国家日本、国家が道義を持って、それに国民を従わせるというのも私はまったく違うと思います。

僕は、「日本なんか嫌いだ」という人がいてもいいし、「愛国心」はなくてもいいと思います。愛国心があって他人に悪さをするよりは、愛国心がなくて悪いことをしない人のほうが、絶対にいい。現に、社会にはそういう人はたくさんいるでしょう？　反対に愛国心を持ったがゆえに暴力的なことをしたり、悪さをした人はいっぱいいますよ。僕はそれをずっと見てきました。自分もそうでした。この国には、国家のことなんかよく知らない、政治のことはよく分からない、でも他人に迷惑をかけないで生きている誠実で謙虚な人たちがたくさんいます。そういう人たちが、本当の善良な国民だと思います。

愛国運動を四十年間やってきて分かったことがいろいろあります。いまヘイトスピーチをやっている人たちが持っているのは、純粋培養の愛国心です。愛国心の良さだけを思って、突っ走っているんです。僕は愛国心の運動の良さも分かるけれど、それが危険な部分とか、危ない部分も併せ持っていることをたくさん見てきたし、自分でも失敗もしてきました。愛国心は必ずしも国にとってプラスではない、そういうことが分かります。一億二千万人が全部、朝から晩まで国のことばかり考えていたら、社会のほうがたまらないでしょう。

孫崎　一人ひとりが生きる座標軸を、もう一回考える時期に来ていると思います。私は日本人が、「足を伸ばして寝られればいい」という、良寛*みたいな気持ちになればいいのではないかと思います。なぜかというと、良寛の言っているのは、自分でものを考える、その自分で考えた結果、確立した知的な部分を、一番重視する生き方だと思うからです。現代社会では、物質的なものを過大に重視することによって、精神文化の重要性が低くなっているのではないですか？　物に囲まれて幸せなのではなく、人間の知的なものに囲まれることによる幸せを考えてみたほうがよいと思います。小さな例ですが、昔はどこの家も何となく文学全集とか

良寛
(りょうかん　一七五八〜一八三一)　江戸後期の禅僧。寺を持たず托鉢しながらすごした生涯のため史料は少ないものの、歌人、書家としての作品が残りいずれも名作として有名。

飾っていましたね。

鈴木　以前は家を新築したら百科事典や世界文学全集とか、一種の家具でしたね。たとえ読めなくても、知的なものに敬意を持っていましたね。

孫崎　知的なものはわれわれの生活の中である部分を占める、また占めるべきだという考えがあったから、国民の多くが書棚に世界文学全集を並べたのです。いま文学全集を買う人はいないでしょう？

鈴木　僕も文学全集や思想全集は、かなり読みました。それが自分のベースになっていると思います。以前に出席した討論番組でいろいろ話をしていた中で、これからの日本は経済成長だけが目標でいいのか？　いま日本の行方を考えるうえで成長か停滞かを議論する中で、経済成長を止めたら社会が停滞しかないという人がいました。その考えは確かにいままで日本を豊かにしてきましたが、これからは経済成長だけでなく、もっと別な幸福の指標があるのではないか？　これからの日本にふさわしい新しい目標もあり得るのではないでしょうか？　例えばブータンみたいな幸福の指標*があるだろうという意見もありました。

あるいは、民主主義の「質」を考える必要があるのではないかという人もいました。どれも真摯で大切な議論です。しかし、そういう議論はテレビ討論には向きませんね。テレビでやっていると、どうしても大声

幸福の指標
ブータンの「国民総幸福度」や、経済協力開発機構のプロジェクトによって公表された「幸福度指標」など、人間の幸福を基本にした社会運営や政策立案が現在、世界で模索されている。

を出す人が勝ちます。

憲法や国旗・国歌が日本にできて百年ちょっとです。それ以前の、千年以上の歴史のほうが圧倒的に長いわけで、そちらを守るのが日本の伝統・保守派だし、右翼であるべきです。極端に言ったら、国旗・国歌なんかなくたって、さらには憲法なんかなくたって、日本は素晴らしいと思います。それくらいに考えないといけないのではないかと思うのです。

ところが日本人であるためには国旗・国歌が必要だ、だから学校で強制*しなくてはいけないということになりました。自民党の改憲案にも、国旗・国歌を尊重する義務を負わせるといった内容がありますが、それはおかしいんです。そんな法律でがんじがらめにしなければ、みんなが尊重しないというのであれば、そんな国旗や国歌はいらないでしょう。

孫崎　さかんに議論になっている重要な問題ですね。しかし、昔の思想を勉強して、鈴木さんのような主張をしている人もかなりいるのですか?

鈴木　あまりいないでしょうね。日本そのものに素晴らしさを見出すのではなく、近代国家的な装置である国旗や国歌に心情を託そうとする。そういう意味では、もともとの攘夷思想のような考え方がなくなって、むしろ近代思想のほうを守っているのではないですか?

孫崎　日本というものは、そういう形式的なものより、もっと根幹を築く

強制
「国旗及び国歌に関する法律」は、一九九九年八月に小渕恵三政権時代に公布・施行された。衆議院本会議質疑応答で小渕首相は、義務にしないと明言。同年八月九日の首相談話でも「今回の法制化は、国旗と国歌に関し、国民の皆様方に新たに義務を課すものではありません」と公言、野中広務官房長官も同様の発言をしている。有馬朗人文部大臣も生徒・教職員は国旗・国歌を強制されないと衆議院特別委員会で明言。しかし、二〇〇七年以降、最高裁でも学校行事で国旗への起立・国歌斉唱は「思想・良心の自由」を保障した憲法一九条に違反しないという判決が続き、事実上、強制力が働いている。

ものであるというのが、鈴木さんのお考えですね？

鈴木　「自分が日本人だ」「自分が日本だ」と思えばいいのです。それが不安だから国旗・国歌・法律をつくって、大事にしろみたいな考えになるんです。あるいは憲法を変えて、そこに家族を大切にしろとか書けとか、特定秘密保護法などの法律をつくって安心して、俺たちは日本を守っているんだという発想になってしまうのです。

孫崎　アメリカはほかのどの国よりも国歌と国旗に対して国民が敬意をはらう国ですね。

鈴木　いろんな人たちが、世界中から集まっていますからね。

孫崎　そういうことです。鈴木さんのおっしゃる、過去百年、二百年ではなく、一千年の歴史のこの重みがあれば、国歌とか国旗みたいなものは無理に押し付けなくたって大丈夫だというのは、アメリカ的国家意識のあり方へのアンチテーゼとも言える観点だと思います。

鈴木　アメリカは国の成り立ちから考えて国旗・国歌がなかったらまとまりません。日本はそんなものはなくても、ずっと日本だったのです。国旗・国歌を尊重させろとか言う人たちは、愛国と言いながらアメリカのやり方を学んでいる。アメリカ化しているということです。

おわりに

鈴木　二〇二〇年の東京オリンピックが決まりました。日本は、一九四〇年に開催予定だった東京オリンピックを、戦争に向かう非常事態ということで返上した過去があります。二〇二〇年のオリンピックに向けて、孫崎さんは何をすべきだとお考えですか？

孫崎　具体的に言えば、テロがあるような状況は絶対に避けなければなりません。そのためには敵をつくらないことです。

　敵をつくらないためには、集団的自衛権のようなやり方で国際社会に向き合っては、絶対に駄目です。集団的自衛権を行使することになれば、どこかの国民と主義主張で撃ち合うことになります。当然、相手も自分の持ちうる手段で反撃しようと思います。そういう意味で、集団的自衛権を認めて軍事行動をする方向に行けば、相手はテロというかたちで報復してきます。したがって、このような危険な道に行かないことが重要です。ほかの国の反発を招くような武力行為に介入すれば、それ相応の反応があります。テロを防ぎたいのならば、それを誘発する行為は避けるべきです。

もう一つ、別の課題もあります。いま国際的に見て日本に対する不安要因は原発事故です。福島第一原発事故の不安は依然として残っています。福島第一原発の事故収束の道のりは始まったばかりで廃炉や使用済み核燃料処理の過程は大変困難で未知数のことが多い。状況によっては東京周辺でも何が起こるか分からない状況ですし、他の地域では浜岡原発など各地の原発を再稼働しようとする動きもあります。大きな地震が予想される現在のような状況の中で、少なくとも私は脱原発の方針を表明すべきだと思います。

東日本大震災で福島第一原発がメルトダウンしたとき、米軍は家族を避難させました。そうしなければならない危険性が、かなり高い割合で予測されたからです。その後、さまざまな状況は推移していますが、根本的な問題は解消されておらず、今後も原発にもし不安が出てきたら、東京オリンピック実施が困難になります。いまも日本はそのような状況にあるということに目を向けない日本人の感覚と、国際社会の見方はやはりずれています。途上国は別として、先進国は脱原発に向かおうとしているのに、日本はまったく逆行しようとしています。人為的な事故ではなくとも、自然災害でも深刻な重大事故が起こるのです。事故検証もまだやるべきことは多く残っています。日本は地震・火山国であり、台風などの自然災害も多い国ですから、原発再稼働はやめるべきだと思います。

鈴木　オリンピックを開催するのならば、偏狭なナショナリズム・排外主義、そういうものを払拭して、寛容な、本来の日本に戻ることが必要ですね。

外国からのお客さんをたくさん呼ぶというときに、「中国人帰れ」とか「韓国人出ていけ」なんて騒いでいたら大変です。世界では、人種差別は最も恥ずべきこと、糾弾されることだというのが、共通認識になっているでしょう。もちろん、どんな国にもおかしなことを言う人たちはいます。しかし、そのような差別的な表現が、週刊誌の見出しにもなるようないまの日本は、どう見られるかも考えなければならないでしょう。

僕は、オリンピックを開催することが、日本がかつてのようなおおらかな、寛容な日本に戻るきっかけになればいいと思っています。

年表

一八五三年（嘉永六年）
アメリカ海軍、M・ペリーの率いる艦隊が日本来航。

一八五四年（嘉永七年）
日米和親条約締結に伴い下田、箱館開港。鎖国体制終結。

一八五八年（安政五年）
ハリス米総領事主導により日米修好通商条約調印。いわゆる不平等条約が始まる。

一八五九年（安政六年）
安政の大獄の中、吉田松陰処刑。

一八六〇年（安政七年〜万延元年）
咸臨丸渡米。桜田門外の変。

一八六一年（文久一年）
攘夷派による外国人襲撃続発（東禅寺事件等）。アメリカで南北戦争始まる（〜一八六五年）。

一八六三年（文久三年）
薩英戦争。翌年には馬関戦争で欧米列強と薩長が相次いで交戦。

一八六六年（慶應二年）
薩長同盟成立。

一八六七年（慶應三年）
大政奉還。

一八六八〜九年（慶應三〜四年）
王政復古の大号令。鳥羽伏見の戦い。江戸開城。戊辰戦争。元号が明治に。五稜郭の戦い（〜一八六九年）。

一八七一年（明治四年）
廃藩置県。岩倉使節団出航。

一八七七年（明治十年）
西南戦争。

一八七八年（明治十一年）
大久保利通暗殺（紀尾井坂の変）。竹橋事件。

一八七九年（明治十二年）
沖縄県設置（琉球処分）。

一八八一年（明治十四年）
憲法制定をめぐる議論の中、大隈重信ら下野（明治十四年の政変）。自由民権運動拡大。

一八八四年（明治十七年）
群馬事件、加波山事件、秩父事件、飯田事件、名古屋事件等、自由民権運動・政府転覆計画相次ぐ。朝鮮では甲申政変勃発。

一八八五年（明治十八年）
『時事新報』にて「脱亜論」公表（福澤諭吉）。大阪事件。

一八八九年（明治二十二年）
大日本帝国憲法発布。

一八九四年（明治二十七年）
日清戦争（～一八九五年）。

一九〇一年（明治三十四年）
田中正造、天皇直訴事件。

一九〇二年（明治三十五年）
日英同盟成立（～一九二三年）。

一九〇四年（明治三十七年）
日露戦争開戦。

一九〇五年（明治三十八年）
日露戦争終結。ポーツマス条約締結。日比谷焼打事件。

一九〇六年（明治三十九年）
南満州鉄道（満鉄）発足。

一九〇七年（明治四十年）
国内景気悪化、恐慌状況に。

一九一〇年（明治四十三年）
韓国併合。大逆事件で幸徳秋水等逮捕、翌年に処刑。

一九一二年（明治四十五年）
明治天皇崩御。清滅亡、中華民国樹立宣言。

一九一四年（大正三年）
第一次世界大戦勃発。

一九一五年（大正四年）
中華民国の袁世凱政権に対華二十一ヶ条要求。

一九一七年（大正六年）
ロシア革命。
一九一八年（大正七年）
シベリア出兵。第一次世界大戦終結。
一九一九年（大正八年）
パリ講和会議。朝鮮で三・一運動、中国で五・四運動始まる。
一九二〇年（大正九年）
国際連盟発足。戦後恐慌始まる。日本初のメーデー開催。
一九二一年（大正十年）
原敬首相暗殺。ワシントン（海軍）軍縮会議（〜一九二二年）。
一九二三年（大正十二年）
関東大震災。戒厳令発布。甘粕事件、亀戸事件、朝鮮人虐殺事件等相次ぐ。虎の門事件。
一九二五年（大正十四年）
治安維持法公布。
一九二八年（昭和三年）
張作霖爆殺事件（満州某重大事件）。
一九二九年（昭和四年）
世界大恐慌始まる。
一九三〇年（昭和五年）
霧社事件（台湾先住民による抗日蜂起）。
一九三一年（昭和六年）
柳条湖事件（満州事変）。
一九三二年（昭和七年）
満州国建国宣言。血盟団事件。第一次上海事変。
一九三三年（昭和八年）
国際連盟脱退。信濃毎日新聞主筆、桐生悠々が「関東防空大演習を嗤ふ」を発表、不買運動を受け退社。ドイツではナチスが政権獲得。
一九三四年（昭和九年）
東北地帯で飢餓深刻化。
一九三五年（昭和十年）
美濃部達吉（貴族院議員）、天皇機関説のため不敬罪として告発される。

一九三六年（昭和十一年）
二・二六事件。日独防共協定調印。

一九三七年（昭和十二年）
盧溝橋事件、日中全面戦争へ。第二次上海事変。

一九三八年（昭和十三年）
第一次近衛声明、日華和平交渉断念（トラウトマン工作失敗）。国家総動員法施行。張鼓峰事件。ヒトラー・ユーゲント来日。

一九三九年（昭和十四年）
ノモンハン事件。ドイツ、ポーランドに侵攻。第二次世界大戦欧州戦始まる。

一九四〇年（昭和十五年）
日独伊三国軍事同盟締結。皇紀二千六百年祝賀式典。

一九四一年（昭和十六年）
真珠湾攻撃、日米開戦。南インドシナ進駐。

一九四二年（昭和十七年）
マニラ、シンガポール占領。ミッドウェー海戦。独ソ戦ではスターリングラード攻防戦始まる。

一九四三年（昭和十八年）
ガダルカナル、アッツ島陥落。治安維持法全部改定。学徒出陣。スターリングラードでドイツ敗退。イタリア降伏。

一九四四年（昭和十九年）
マリアナ沖海戦。サイパン、グアム陥落。

一九四五年（昭和二十年）
沖縄戦。広島・長崎原爆投下。敗戦。

あとがき

鈴木邦男

長年の疑問が解けた！　いままで必死に考え、多くの人に訊き、厖大な本を読み、それでも分からなかったことだ。孫崎享さんと話をして、それが分かった。この本を読んだ読者もきっと同じことを感じただろう。

孫崎さんは『戦後史の正体』で、僕らの思い込みを完全に覆してくれた。僕らはこんな見方をしてこなかった。教わってこなかった。衝撃の体験だった。では、その前の日本について知りたい、教えてもらいたいと思っていた。いわば、「戦前史の正体」だ。

なぜ、勝てる見込みのまったくない戦争を始めたのか？

日露戦争に勝って驕り高ぶり、アメリカと戦っても勝つと思っていたのか？

日本は神国で、イザとなったら神風が吹くと思っていたのか？

しかし、冷静で頭のいい人たちがたくさんいたはずだ。政治家にも外交官にも軍人にも。優秀なリアリストたちが、なぜ軽々と自滅への道を踏み出したのか？

いや、彼らだけの責任ではない。「国を護るために戦争をやるべし」とマスコミも国民も叫び、その熱狂・興奮が政治家や軍人たちの背中を押した。それはかえって「国を護ること」にはならないと国民を説得するべきではなかったのか？

でもできなかった。「冷静な愛国心」は、興奮した「狂気の愛国心」の前には無力だったのだ。同じ構図がいま、繰り返されようとしている。時間がない。それで急遽、孫崎さんと会い、僕の疑問、不安をすべてぶつけて訊いた。

切羽詰まった気持ちは分かるにしても、まわりの人たちは皆、心配していたはずだ。孫崎さんは日本を代表し、長い間、外交官として国のために闘ってきた人だ。僕のほうは長年、右翼活動をやってきた。四十年以上だ。自分では「国のため」と思っていたが、主観的な思い込みかも知れない。「国のため」をめぐるリアルとフィクションの闘いかも知れない。「これでは接点がない」と思われても仕方ない。あるいは平行線か？　最悪の場合、「右翼」がキレて孫崎さんに殴りかかり、めちゃくちゃになるかも知れない。普通ならそう思う。そんな危ない対談はやらせてくれない。

でも現代書館社長菊地泰博さんはやってくれた。すべてがゼロになるかも知れない危険を冒して対談の場をつくってくれた。孫崎さんも引き受けてくれた。

異分子・異文化をも引き受けて話をする。これこそが日本精神なのかも知れない。日本は古来から中国・朝鮮、そして近代では欧米の文化を取り入れてきた。無制限なまでに寛大な国だ。それがいま、排外主義のデモがおこなわれ、「自分の国だけが正しい」と妄信する人が急増した。それは「愛国」ではない。日本主義でもない。では日本とは何か？　日本人とは何か？　二人の対談はそこから始まった。

危険を冒して対談の場をつくってくれた現代書館、そして孫崎さんには感謝の気持ちでいっぱいだ。

それに応えようと必死に頑張ったつもりだ。それに僕には秘かに確信があった。これは凄い本になる、凄い化学反応が起きると思っていた。

だって二人は昭和十八年生まれの同い年だ。子どものときからアメリカに対する憧れと期待があった。そして、後には反発と絶望があった。そのアンビバレンツな気分を共有している。「官」と「民」に別れても、「国のため」に生命を賭けて闘ってきた。上と下からこの国の歴史を見る、複眼の歴史検証だ。それに司会をしてくれた現代書館の吉田秀登さんの力が大きい。厖大な資料を用意し、討論の方向づけをしてくれた、優秀なナビゲーターだ。その力があったので無人の荒野に分け入り、新しい道を切り拓くことができた。

この本は孫崎さんに僕が一方的に話を訊き、教えてもらったものだ。それに対談本では話をお願いする立場の者が「まえがき」を書き、メインの人が「あとがき」を書く、そう思っていた。ところが、もう「孫崎さんは、『まえがき』をご執筆されました」と言われ、僕がこの「あとがき」を書いている。逆になった。申し訳ない。この対談は本当にありがたいし、貴重な体験だった。読者もこの感動を共有してもらえれば、と願う。

我がままを言えば、これは本にしたくない。自分ひとりの宝物にして独占したい。この本を読んだ人も、宝物にしてくれたら嬉しい。自分の思い込みが壊れる快感を感じられるからだ。その実感は僕が一番、大きかった。

日本の歴史の素晴らしい面だけでなく、暗い面も反省すべき面も直視し、そのうえで「愛おしい」と思い、抱きしめるのが本当の愛国心だと思っている。だが、それにしても無謀な戦争に突入する日本は、何と愚かだったことか。そのくせ集団狂気に陥り……、と思っていた。憂国というよりも自虐的・反日的な気分になっていた。それが、孫崎さんと話して変わった。情報のない時代にもかかわらず、きちんと世界を理解し、闘った人たちがいた。国民に誤解され、「反日」と罵られながらも国のために闘った人たちがいた。本当に勇気のある人たちだ。

また、単なる野蛮なテロとしか思われていなかった「攘夷」の数々の事件、でもそれがあったからこそ開国ができた。外国からも一目置かれる日本になったのだと言う。驚いた。自分の中のすべての細胞が生まれ変わったようだ。化学反応は自分の中で一番大きかった。自分は新生した。そう痛感した。この本は多くの人に読んでもらいたい。日本や日本人、そして世界に対する見方が確実に変わる。

二〇一四年十月六日

孫崎　享（まごさき　うける）
一九四三年、旧満州国鞍山生まれ。六六年、東京大学法学部中退、外務省入省。英国、ソ連、米国（ハーバード大学国際問題研究所研究員）、イラク、カナダ勤務を経て、駐ウズベキスタン大使、国際情報局長、駐イラン大使を経て、二〇〇二〜〇九年まで防衛大学校教授。著書に『戦後史の正体』（創元社）、『小説外務省』（現代書館）等、多数。

鈴木邦男（すずき　くにお）
一九四三年、福島県生まれ。六七年、早稲田大学政治経済学部卒業。全国学生自治体連絡協議会初代委員長を務める。卒業後、七〇〜七四年、産経新聞社勤務。「楯の会」事件を契機に七二年、新右翼団体「一水会」を結成。九九年まで代表を務め、現在、顧問。著書に『愛国者は信用できるか』（講談社現代新書）、『右翼は言論の敵か』（ちくま新書）、『ヤマトタケル』（現代書館）等、多数。

いま語《かた》らねばならない　戦前史《せんぜんし》の真相《しんそう》

二〇一四年十月三十一日　第一版第一刷発行

著　者　孫崎 享・鈴木邦男
発行者　菊地泰博
発行所　株式会社現代書館
東京都千代田区飯田橋三―二―五
郵便番号　102-0072
電　話　03（3221）1321
ＦＡＸ　03（3262）5906
振　替　00120-3-83725
組　版　デザイン・編集室エディット
印刷所　平河工業社（本文）
東光印刷所（カバー）
製本所　越後堂製本
装　幀　箕浦　卓

校正協力／岩田純子

ISBN978-4-7684-5747-4
定価はカバーに表示してあります。乱丁・落丁本はおとりかえいたします。
http://www.gendaishokan.co.jp/